U0929291

大话国 编绘

南方出版传媒
广东人民出版社
·广州·

图书在版编目（CIP）数据

老广新游／大话国编绘．—广州：广东人民出版社，2019.4（2019.10重印）
ISBN 978-7-218-07235-7

Ⅰ．①老⋯ Ⅱ．①大⋯ Ⅲ．①旅游指南—广州市 Ⅳ．①K928.965.1

中国版本图书馆CIP数据核字（2011）第150029号

LAOGUANG XINYOU

老广新游　　大话国　编绘

版权所有　翻印必究

出 版 人：肖风华

责任编辑：夏素玲　黎　捷
图书设计：广州亦可文化传播有限公司
责任技编：吴彦斌

出版发行：广东人民出版社
地　　址：广东省广州市海珠区新港西路204号2楼（邮政编码：510300）
电　　话：（020）85716809（总编室）
传　　真：（020）85716872
网　　址：http://www.gdpph.com
印　　刷：佛山市浩文彩色印刷有限公司
开　　本：889mm×1194mm　1/24
印　　张：9　　　　字　数：20千
版　　次：2011年8月第1版　2019年4月第2版
印　　次：2019年10月第11次印刷
定　　价：42.00元

如发现印装质量问题，影响阅读，请与出版社（020-85716849）联系调换。
售书热线：（020）85716826

老廣
CANTON
TALKER
新游

目录

老城旧相簿
PICTURES OF THE OLD TOWN
永慶坊
YONG·QING·FANG
粤海關
千年古道
培正中学
至善至正
PEI ZHENG MIDDLE SCHOOL
桃花洞
陳家祠
ROMA
1863
JERUSALEM
達園
白云索道
沙面堂
文塔
老广新游
嗚春谷
城西風物
達摩
新河浦
聖心大教堂
上下九
私伙局
塔影樓
越秀山
西来初地
騎樓
愛羣大酒店
OI KWAN HOTEL
惠福食街
玉器街
廣東郵務管理局
廣东省博物館
船說
大佛寺
孫文

编者语

在创作的过程中，我们曾担心笔下的景象会随着时间的流逝而化为幻影，像恩宁路的骑楼群、新河浦的洋房子、广州的老字号、中大的老树古楼、沿江路的老古董建筑，甚至传统中轴上几代人的集体回忆和悠久的西关味道等等。倘若真有那么一天，这本书最起码能成为它们存在过的见证。

写在前面

相处多年的城市，我们总以为对它再熟悉不过。然而当开始向别人介绍广州时，才发现对广州的印象仅局限于生活的片面。于是，我们组建了大话国，想画一本属于广州的城市旅游绘本。

从绘画的角度出发，能发现一个与平时生活不一样的广州。再次踏进那些熟悉的街巷，细心地翻开记忆，用心去观赏城市变化万千的面孔，原来每一个熟视无睹的角落都隐藏着神秘和奇妙，充满历史印痕和民间智慧。我们从没有如此深刻地感受广州的真实和亲切。

欢迎加入大话国，与我们一起，边走边画。

——大话国

倒数回忆

越秀山
中山纪念堂
人民公园

在繁华的都市印象背后，便是属于老广州的文化记忆，它们经历了岁月的洗礼，为我们沉淀了最美的城市底蕴。作为老广文化的核心地带，传统中轴线有着它独特的历史烙印，穿街过巷之间，往事烟云仿佛历历在目。

纪念堂
大新
广州百货
新华书店
南越国宫署遗址
服装

广州城是一个充满繁华、喜悦、热闹、兴奋和热情的城市。走在城内，入目之处，尽是高楼大厦、车水马龙。但若从近处仔细凝望此城，便会发现在她热闹繁华的外表下，收藏着一段段渐渐远去的历史。

广州故事从城内心脏地带的一座小山说起。小山位于旧城区北侧，名越秀山。隐于闹市，低调乖巧，秀气不张扬，却是古时南越王赵佗接待北方使节、大宴群臣、举行祭祀典礼之地。

时间能让一座高贵的皇家园林变作寻常百姓的公园，它现在是每一个广州人都熟悉的休闲登高点。大部分土生土长的广州人对它都有着小时候学校春秋游必去处的集体记忆。沿着平整的山路，登上木壳岗，便到了立着五羊石像的小广场。在这里，无论是老广州还是游人都会禁不住一遍一遍地仰望它，和它合照，除了赞叹石羊儿那惟妙惟肖的形象之外，还有的就是石像背后那些美好的传说。

五羊一直被视为广州城的标志。相传，古时南海有五仙人，他们骑五色羊来到广州，将六出的谷穗赠给人们，并祝愿此地永无饥荒。随后，五仙人腾空而去，五羊遂化为石。五仙人和五羊，带来五谷丰登的祝福。故此，广州亦被称作羊城。

镇海楼

镇海楼（广州博物馆）还陈列了许多文物史料，细说了广州城两千多年的历史

因肩负着镇压『王气』的圣旨重任，于是被设计成『楼成塔状，塔似楼形』，还有那一身绛红，也有辟邪镇王之意

从五羊石像向小蟠龙岗方向走，那里有一座古老的绛红色建筑——镇海楼，俗称“五层楼”。镇海楼建于明代，六百多载的岁月里，它经历破损、被毁、重建。大门两侧的对联诠释了它曾经的历史沧桑：“万千劫危楼尚存，问谁摘斗摩星，目空今古；五百年故侯安在，使我倚栏看剑，泪洒英雄！”

大树和古城墙缠绕在一起，形成了一道树根墙的风景

『古之楚庭』，是立在山腰的清代古牌坊。『楚庭』，也就是广州最古老的名称

越秀山最南端的山上，有中山纪念碑立于此。1929年，由南京中山陵的设计师——吕彦直设计建成。碑的正面铭刻着孙中山先生的《总理遗嘱》全文。“革命尚未成功，同志仍需努力”就出于此文。

这块奠基石是中山纪念堂和纪念碑奠基典礼的物证

初春时分，木棉柔枝悬垂，如赤霞绛云，这是南国独有的风景。木棉是广州市市花，人称英雄树。在英雄花开的时节，沿百步梯拾级而上，与中山纪念碑重逢，感慨由心而发。

现在看到的越秀山，完全不同于小时候的印象。以前是那么理所当然，那么平凡的山，现在看上去像一位深邃的哲人。原来它一直像现在这样存在着，只是当年的孩子长大了。

中山纪念堂的前身是孙中山先生的总统府旧址。在他逝世后，广州人和海外华侨为了纪念他，集资在旧址上兴建了中山纪念堂。这座宏伟、壮丽的八角形宫殿式建筑，在当时的建筑学界引起了巨大的轰动，至今仍被作为经典案例纳入建筑学的教科书中。

纪念堂被设计作为礼堂使用。大堂内部分上下两层，偌大的礼堂竟然找不到一根柱子，在当年可是了不起的事情。其实并不是没有柱子，而是柱子全被隐藏在四周的内墙里。这种巧妙的设计，让观众无论坐在哪个位置都视线无碍。中间层的玻璃天窗可以让大堂白天不开灯都很明亮。

纪念堂上悬挂着中山先生手书的“天下为公”经典牌匾

在礼堂门口的东西两侧，各有一个幸存的宝蓝色的大陶鼎，一是纪念奉安大典，一是纪念纪念堂落成

宝蓝色的屋顶是传统的中式斗拱结构

红柱，蓝梁，配上点点黄色，这三种颜色就能配搭得很好看

柱头上的『羊』形文字象征着广州『五羊献穗』的美丽传说，寓意『羊城的中山纪念堂』。乍看有点像『￥』

彩绘的天面充满了民族风情

历史陈列馆的二楼，有一平方米的地面铺着五个不同时期的地砖，其中至少有两种地砖一眼就能看出是民国风的，真是"稀有文物"

红色和蓝色是中山纪念堂的主色调

人民公园是一座典型的欧式庭园，虽然面积不大，但大榕树长得很茂密，让公园既舒服又凉快。尽管每代广州人对公园的印象不同，我们还是能在细节中找到一些集体回忆。

对于年纪稍长的老广来说，“私伙局”是生活的一部分。所谓私伙局，是粤剧发烧友自发组织的业余合奏团。每天，局友们提着自家的扩音器、二胡、麦克风、锣鼓等，准时在公园“摆局”，如专业演员般上演一场场粤剧，常常引来不少路人围观。

老城旧相簿

PICTURES OF THE OLD TOWN

轻轻翻开老城的旧相簿，抚摸一张张泛黄的黑白照，努力拼凑这些回忆的碎片，渴望读懂一个城市的痕迹。

如果没有老照片的黑白印记，谁会想到海珠桥的中段曾经可以开开合合？我们错过了风景，但绝不能错过历史

1938年前的海珠桥是悬索吊桥

爱群大厦

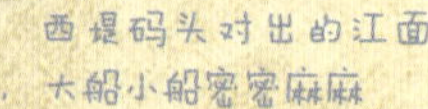

西堤码头对出的江面上，大船小船密密麻麻

昔日的货船身影已被今天的游船代替

四牌楼（位于解放中路，1947年移除）

从轿子、马车、人力车、小汽车，到塞车成为这个城市的一大特色，路还是老路，人和车却更热闹了

省财厅建于民国初年，今天仍傲视聚财宝地的北京路

广州的老城范围并不大，今天的路名就留下了不少蛛丝马迹。北到大北门（今解放北路至人民路一带）、小北门（今小北花圈一带），东到大东门，西到西门口，南到定海门（即小南门，今天一德路、泰康路、万福路一带）。

从越秀山的镇海楼启程，中山纪念碑、中山纪念堂、广州市政府、人民公园、北京路、海珠桥，一路下来，每走一步就像翻阅广州的历史笔记。

B 中山纪念堂

中轴线上级别最高的建筑。这里是孙中山先生在广州出任临时大总统时的总统府旧址，后人为纪念一代伟人，就在原址上建起了这座极富民族风格的八角形宫殿式建筑，让这个浓墨重彩的地方成为广州城市的历史脊梁。

E 北京路

中轴线上最聚人气的地方。明清时期就是官员们从天字码头登城的主干道，今天路中央的玻璃下累积了从民国、明代、宋元、唐代到南汉共五个历史时期的11层古代路面。若再过两千年，不知后人走的又是这条路的第几层呢？

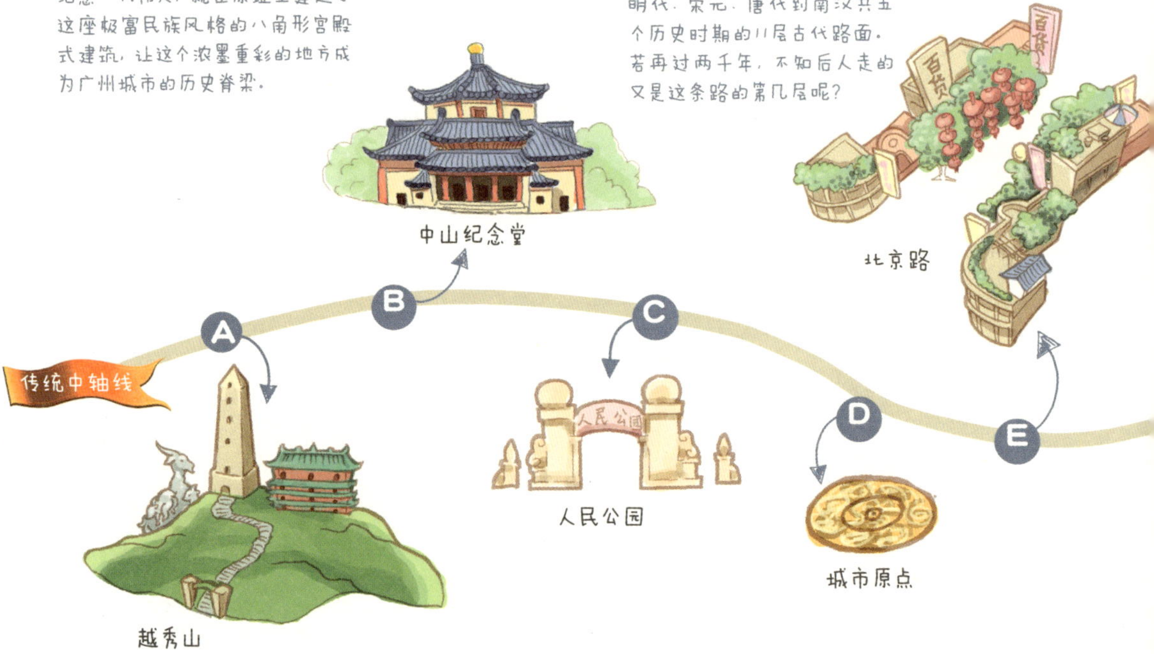

传统中轴线

A 越秀山

B 中山纪念堂

C 人民公园

D 城市原点

E 北京路

A 越秀山

中轴线的起点。据传远在二千八百多年前，越秀山南面就建立了"楚庭"，拉开了这个城市的帷幕。而美丽的五羊传说，让五羊石像成为广州的市徽，2010年广州亚运会的会徽正是源自它的倩影。

C 人民公园

这里是广州最早的公园，装载了城市最温柔的一部分记忆。这个首个拆掉围墙的免费公园，是几代人的集体乐园。

D 城市原点

中轴线的中点，在人民公园南广场中央。这个金黄"罗盘"表面刻着南越王墓出土的龙凤玉佩等图案，很有岭南的味道。

G 海珠桥

海珠桥是广州第一座跨江大桥，在珠江众多现代型的桥梁中尤为抢眼，更方便了珠江南北两岸人们的生活。

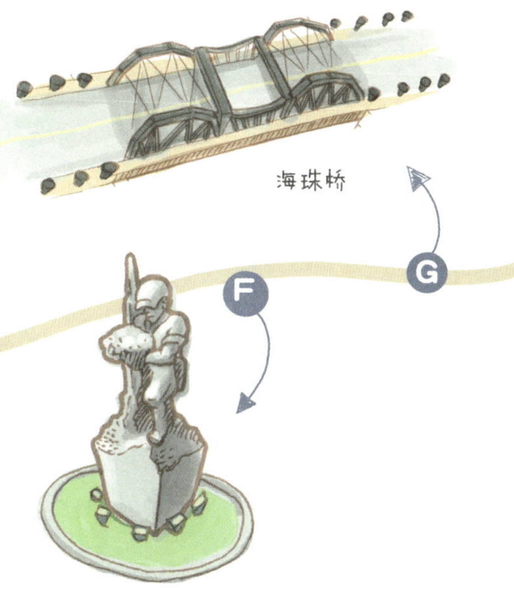

海珠桥

海珠广场

F 海珠广场

在海珠广场的中央，有一座高大威武的解放军石像，网上盛传他和某位香港明星很相像，有兴趣的朋友，可以走近看看像谁。

小资讯

传统中轴线地图

① 镇海楼（五层楼）

② 五羊石雕

③ 越秀山百步梯

④ 中山纪念堂

⑤ 人民公园

⑥ 北京路

⑦ 南越国宫署遗址

⑧ 大佛古寺

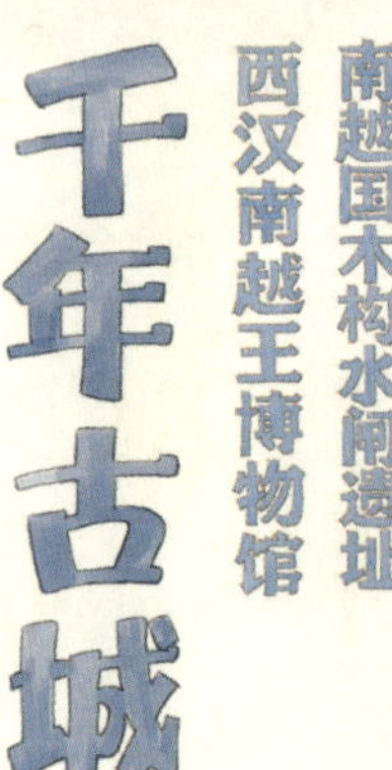

从西汉至清朝时期，围城而建的城墙曾是广州城最坚实的守护者。如今，这些雄伟的建筑群虽已不复存在，但它们的痕迹却依然留在我们熟悉的路名之中，守护一方平安。

在城墙的庇护下，这座千年古城发生了许多值得后人铭记的历史节点：商业老街下的王朝足迹、帝王墓里的稀世珍宝、古雅书院里的书声琅琅……千年城事，且待我们为你娓娓道来。

北大門
南越国宫署遗址
文明門

两千多年前，正值秦末纷争之际，岭南地区建立了一个名为南越国的小王国，历时近百年，至汉武帝时才被击灭。南越国的建立为岭南带来了中原的文化和先进的生产力，也成为了岭南文化的源头。直至上世纪八十年代，中国大酒店的员工宿舍楼在象岗山动土开工，这个长眠千年的南越文明才得以重见天日。

西汉南越王墓，是迄今岭南地区发现的规模最大、随葬物最丰富、唯一饰有彩绘的石室墓。墓室的主人就是距今两千多年的南越国第二代王赵眜。

龙钮金印的含金量高达98%，金印顶部盘踞的威龙，显示出皇家气派
印面刻有『文帝行玺』四字

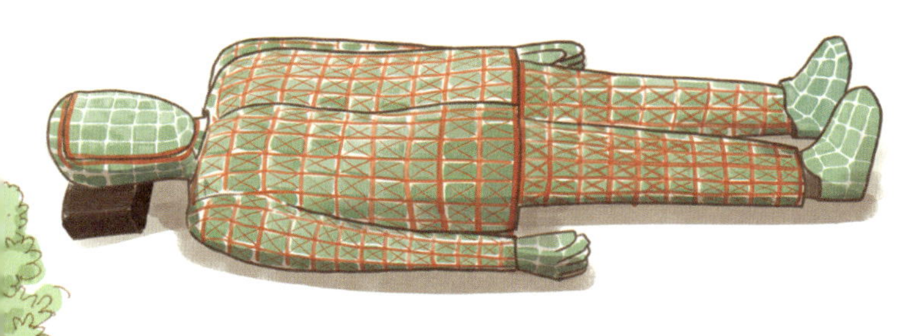

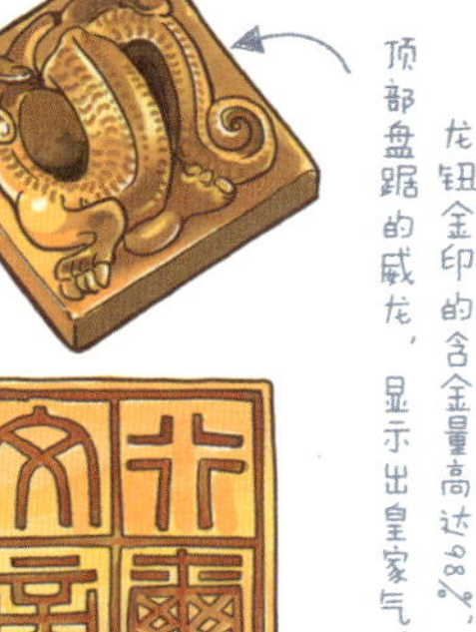

古时候，人们迷信地认为只要用金玉盖住尸体就不会腐朽，灵魂也会得到延续。所以金缕玉衣便以切割规整的玉片为原料，再用金丝线把它们牵连在一起，并按照人的体形作调整。

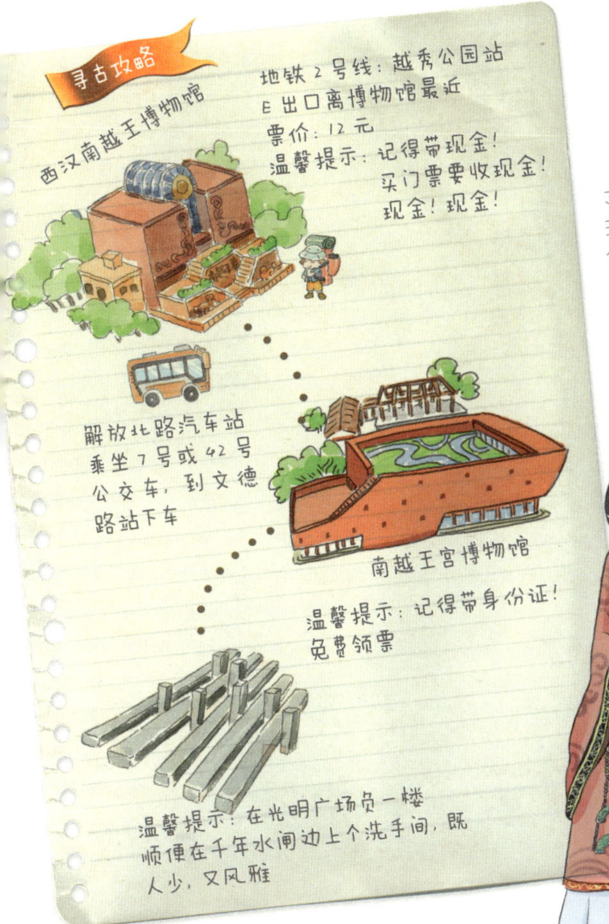
寻古攻略
西汉南越王博物馆
地铁2号线：越秀公园站
E出口离博物馆最近
票价：12元
温馨提示：记得带现金！
买门票要收现金！
现金！现金！
解放北路汽车站
乘坐7号或42号
公交车，到文德
路站下车
南越王宫博物馆
温馨提示：记得带身份证！
免费领票
温馨提示：在光明广场负一楼
顺便在千年水闸边上个洗手间，既
人少，又风雅

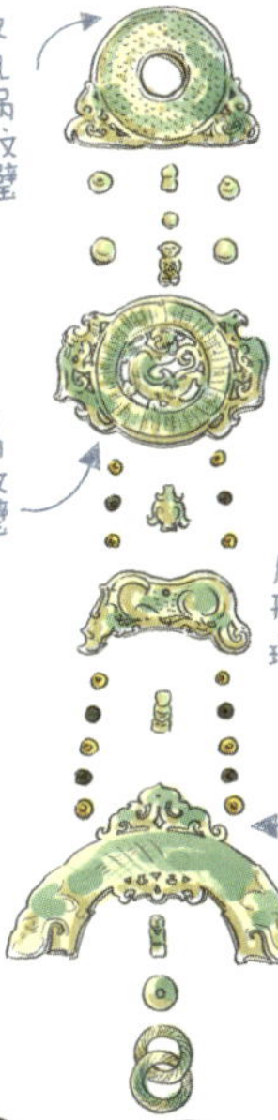
双凤涡纹璧
透雕龙凤涡纹璧
犀形璜
双龙蒲纹璜
墓穴里还出土了11套雕刻精美的组玉佩，它们由玉、金、玻璃等元素制成，皇室贵族们把它们佩戴在玉衣之上，尽显奢华

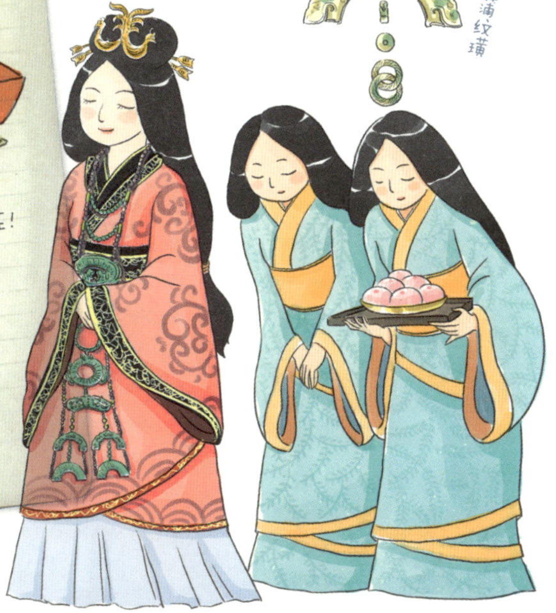

广州自古以来就是个雨水充沛的地方，为了更好地与水“和睦相处”，聪明的古人也有他们引以为傲的“水利工程”。

南越国木构水闸遗址

南越国木构水闸凝聚了两千多年前岭南先民的智慧。水闸的底部北高南低，当珠江涨水时，放下闸板可防止倒灌；当城内缺水时，又可将闸板提起引水入城。

南越王宫博物馆展示的是两千年前南越国文化，包括南越国宫苑、宫殿和南汉国宫殿等遗迹，还保存着 13 个朝代的历史记忆。

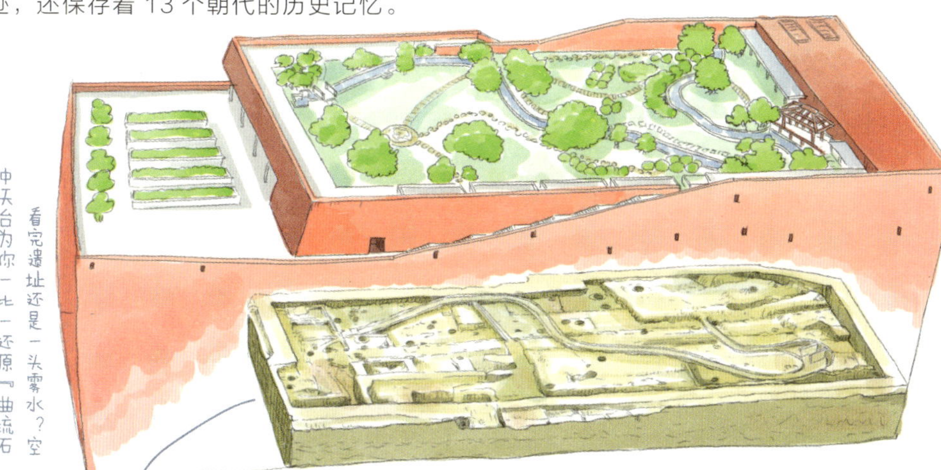

看完遗址还是一头雾水？空中天台为你一比一还原『曲流石渠』的真面目

南越王宫博物馆

曲流石渠是两千多年前南越王宫御花园的一部分，蜿蜒曲折的水路在每个拐弯处都有不同的水纹，王室贵族们在这里悠闲地嬉戏游玩，别有一番雅趣

轻敲一下，
“鼓”动福来

位于南越王宫博物馆东侧的广州城隍庙始建于明朝洪武三年（1370 年）。在古代，以土筑高墙为“城”，以无水壕沟为“隍”，所以人们把城隍爷视为护佑一方疆土平安、主持一方公正的神明。

人有天算，天只一算。庙里悬挂的大算盘意喻城隍所司也有自己的法律规范，为人们赏善惩恶，即使作恶的人逃过了人间的惩罚，也逃不了天谴。

万万没想到，城隍庙里还开通了祈求姻缘业务！各位单身人士快来请月老爷爷算算你对象在哪儿吧！

千年古城

作为广州城的商业文化中心，北京路聚集了许多散落的历史碎片，尽管大部分早已模糊于大众视野，但在这条古老的城市中轴线中，依旧能寻到关于它们的蛛丝马迹。

2002年，北京路步行街里发生了一件震惊考古界的大事情！这里居然藏着中国历代11 层路面和5层拱北楼基址！这块历史悠久的“千层糕”为北京路带来了“千年古道”称号，令游客在享受喧闹的商业都市之余，停下脚步来品赏这条历史长廊的静谧之美。

拱北楼原位于北京路和西湖路的交界处，曾是古代的军事岗哨。建筑已被拆除，现在还能看见的是楼前的抱鼓石。

老城旧相簿

PICTURES OF THE OLD TOWN

越秀山上俯视广州城

被时光拂过的过程纵然美丽，也会消失在历史的转念之间，唯独那些斑驳的老照片，还能为这座城市的千年记忆送上一首温柔诗。

清代的镇海楼

五仙观头门

五仙观的五羊神像，已被毁坏

1860年在比托在南海学宫门口拍摄的五仙观岭南第一楼和通明阁

广州城门——归德门，已被拆毁

清末的广州城门

"大北门"又称正北门，位于今解放北路与盘福路相交处，是历来的兵家必争之地

广州怀圣寺光塔

六榕寺花塔

越秀山上的古城墙

惠福食街
小头虾
OPEN
营业中
招聘
爆茶
BOOM BOOM
传统小吃钵仔糕晶
莹剔透，吃在嘴里也是
甜甜的滋味
甜品奇葩之芒果糯米饭
咖喱鱼蛋
臭豆腐的迷幻
味道吃了才知道
鸡蛋仔
鸡蛋仔
波霸珍珠奶茶
和味牛杂

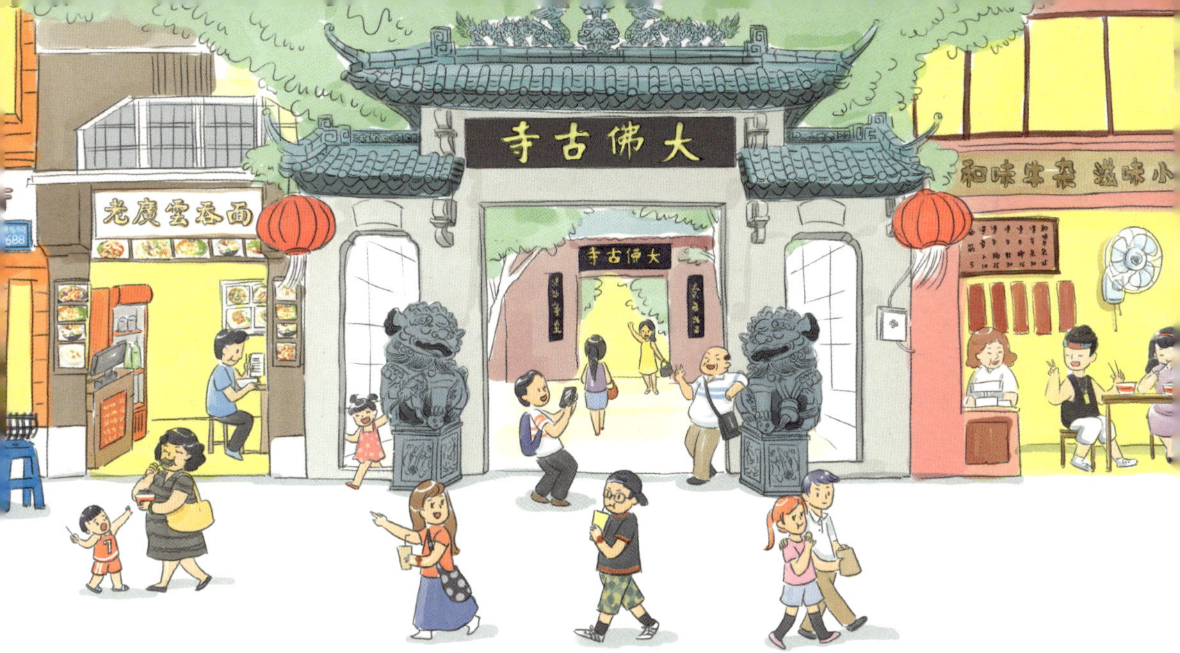

繁华的北京路街区西侧，还有一个吃货天堂——惠福食街。逛到饭点还拿不定主意要吃什么，不妨到惠福东路上走一趟，这里不仅能吃到正宗本地美食，还有很多世界各地风味餐厅，从路边摊小吃店到酒楼茶楼，从本土老店到网红排队店，应有尽有。如果绕过去和惠福路交界的教育路，你还能见到数不清的各种日式料理小店，俨然一条日食街。

东瀛风情鲜生饭，加上正宗酱油芥末，保证让你“哭”并快乐着

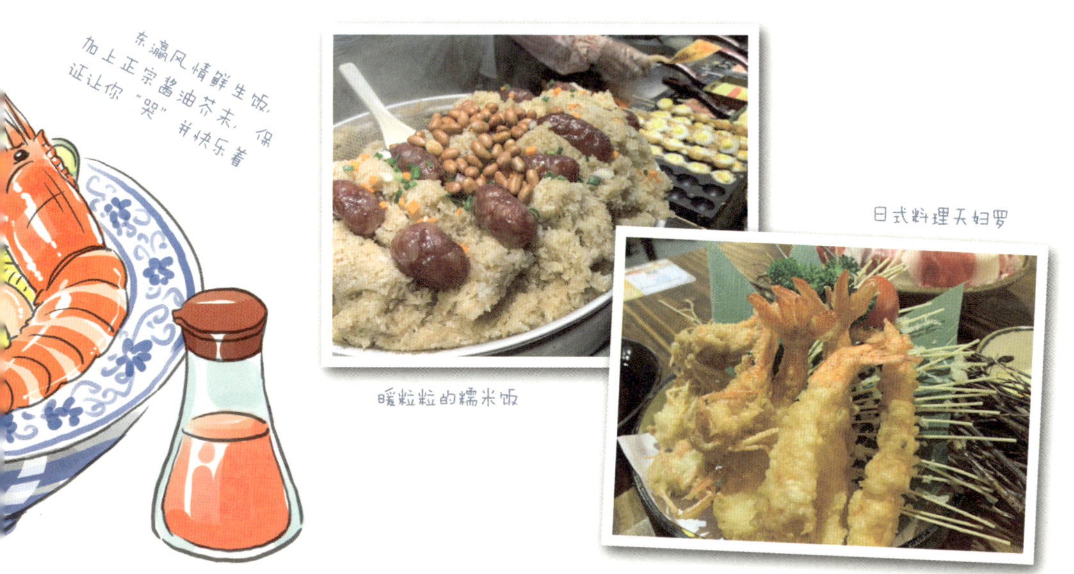

暖粒粒的糯米饭

日式料理天妇罗

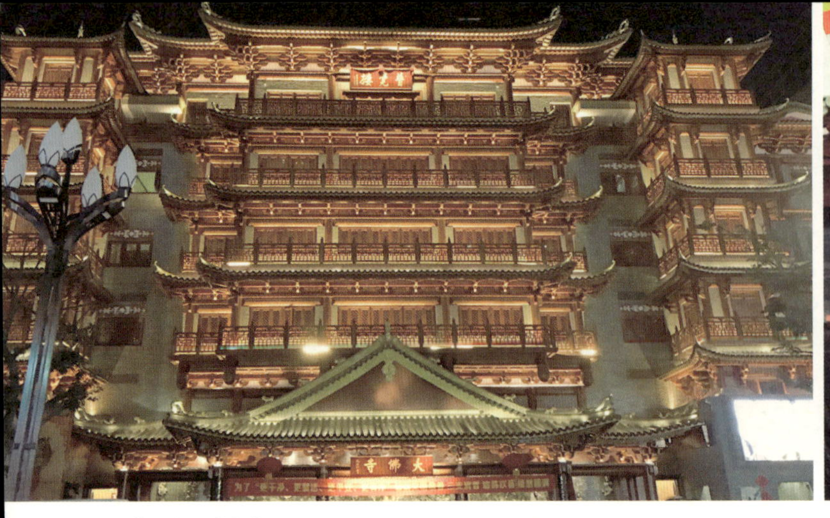

大佛寺

晚上的大佛古寺

藏經閣

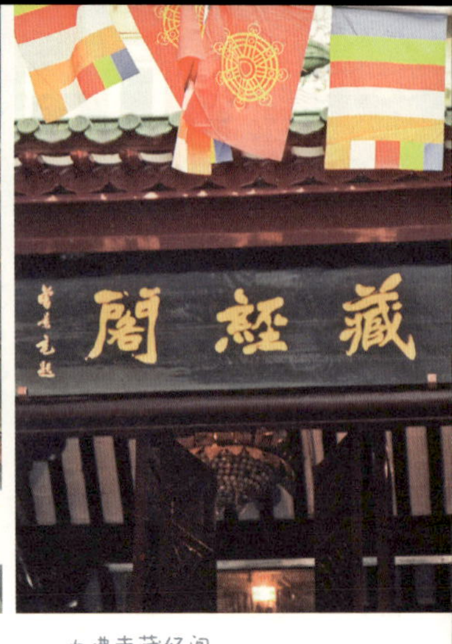

大佛寺藏经阁

大佛寺

吃饱喝足后，不妨前往隔壁的大佛古寺，寻找心灵的一片净土。

始建于南汉的大佛古寺延绵千年，虽历经多次重建，如今依旧香火繁盛，佛事兴旺。在这里，除了能体悟到古朴的佛性之美，还能在古色古香的建筑里品尝到款式多样的清新素食，有趣又不失浪漫。

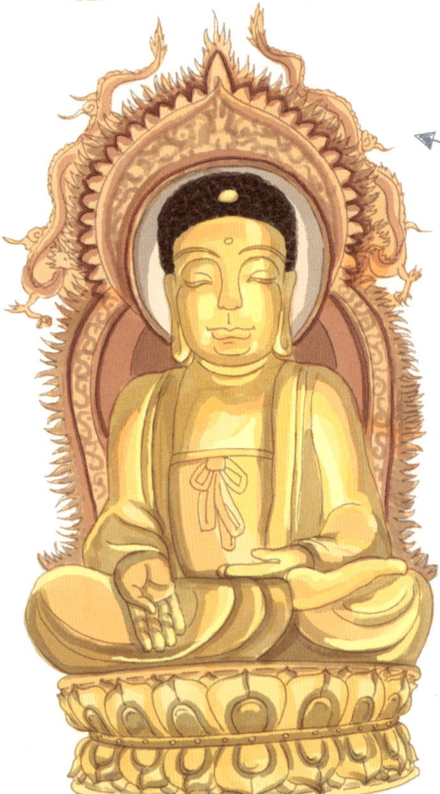
寺内供有三尊大铜佛像，金光
闪闪的外观不禁令人心生敬仰

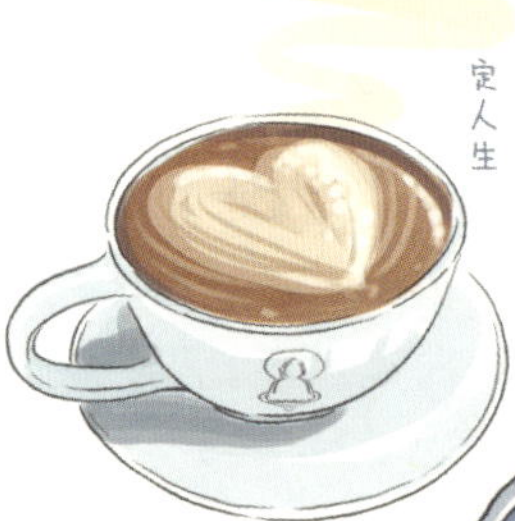
佛系咖啡，淡
定人生

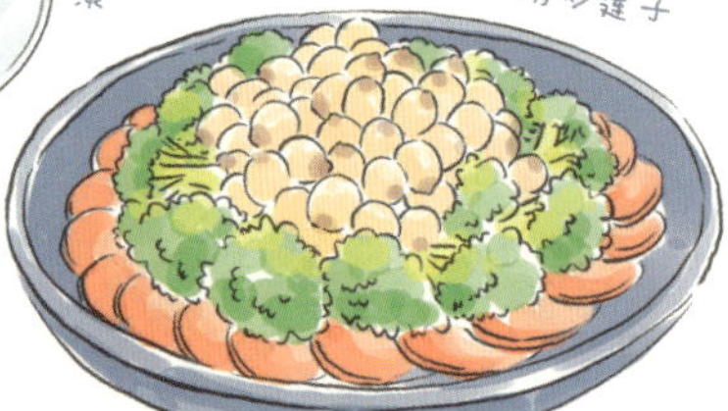
小清新风味的清炒莲子

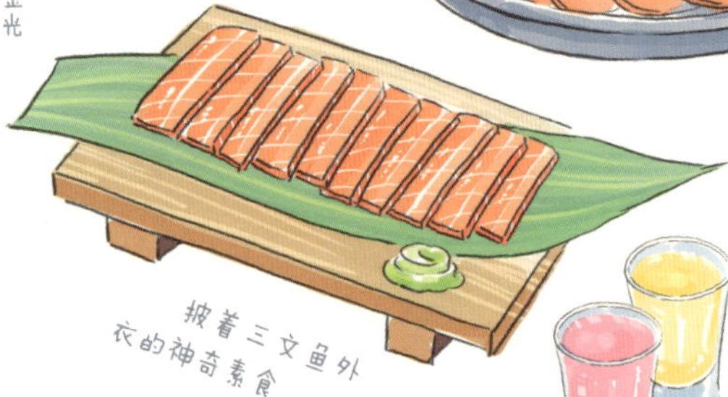
披着三文鱼外
衣的神奇素食

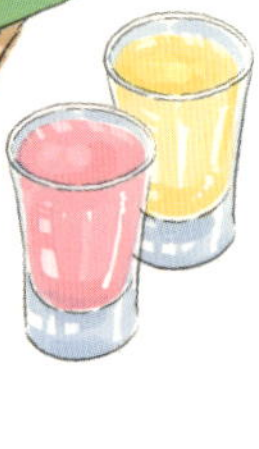
干了这杯酵素，
助你瘦成一道闪电

昔日的书院街只剩下牌坊上的名字

宁静的古街巷

在北京路附近还有许多古老的历史碎片：奇石遍布的药洲遗址、书香漫漫的越秀书院街、门庭若市的盐运西街……它们静静地存着一方记忆，等着我们去发现。

吃喝玩乐后，怎能少得了广东本土的文化盛宴！去历史悠久的南方剧院看一场经典的粤剧表演

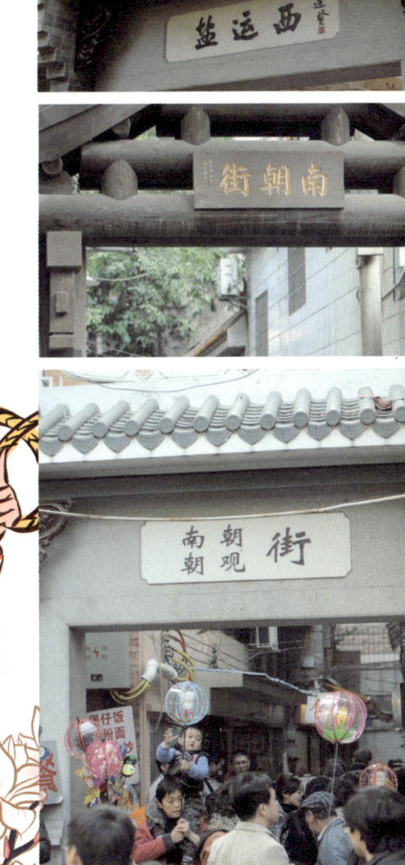

五仙觀

传说两千多年前，广州天灾连连，民不聊生。五位身骑五只仙羊的仙人带着谷穗与美好的祝愿来到广州，从此风调雨顺，广州也逐渐成为富饶的地方。为了纪念这五位仙人的功德，人们修建了“五羊五仙”的祖庙，名叫五仙观。

红墙拱门隧道如千与千寻的场景

仙人拇迹

仙馆一角

穿过第一楼，便到了“坡山古渡”遗址，这里曾是珠江的渡口，两边还有许多排列整齐的石头“动物”列队迎接，个个都在肆意“卖萌”。

石羊尊

清代的石老虎

清代的文官石像

这副石碑对联高三米，由于下联断裂，那缺失的三个字变成了游客驻足议论的焦点

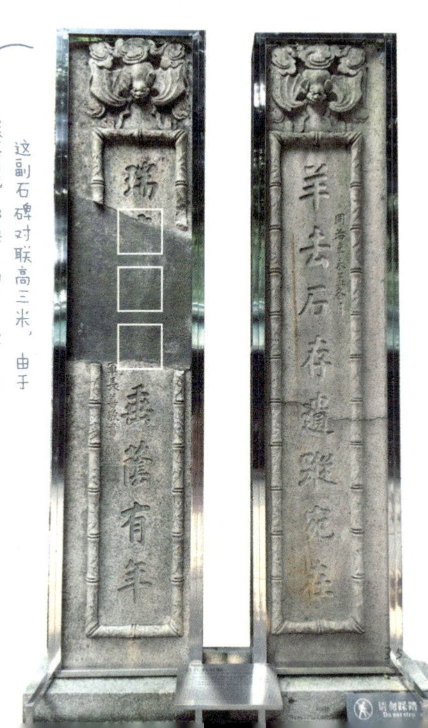

南粤先贤馆

作为五仙观的“邻居”，“南粤先贤馆”是为纪念那些造福南粤的名人志士而建的。在建筑风格上，博物馆也积极向隔壁的五仙观“取经”，形成了现代博物馆与古代遗迹的有机互动。

所以，大家参观完大名鼎鼎的五仙观后不要急着走哦！它的“兄弟”博物馆里全是高能预警！声光电效果层出不穷！

先贤馆一角

精美的图文展线

坐在太师椅上，来一张穿越感十足的自拍，扫描二维码就可取走照片。

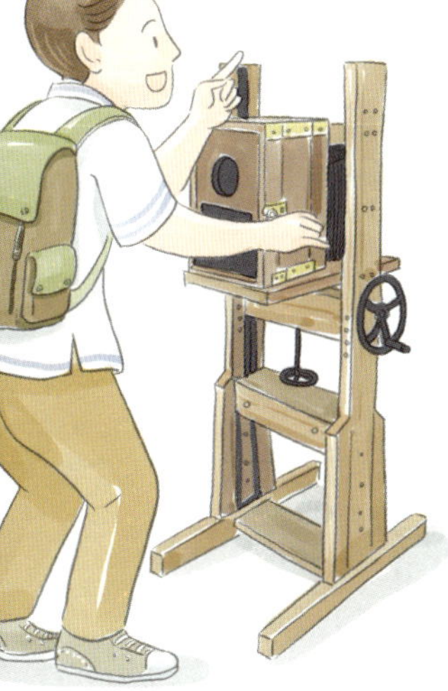

邹伯奇独立制造了我国第一台照相机

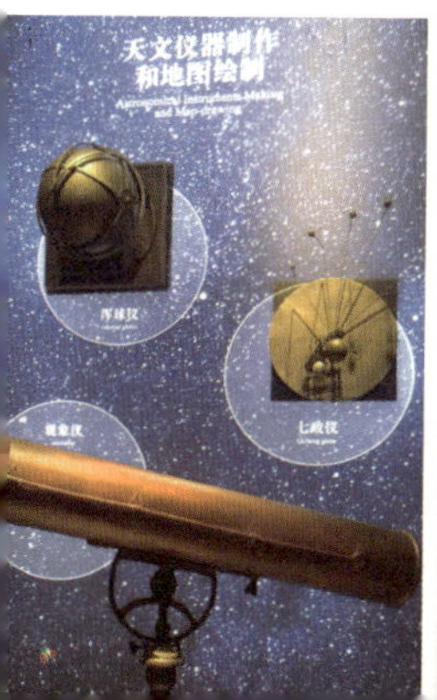

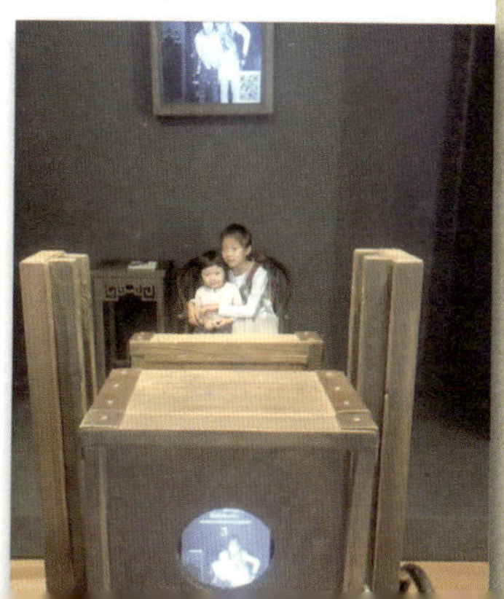

千年古城地图

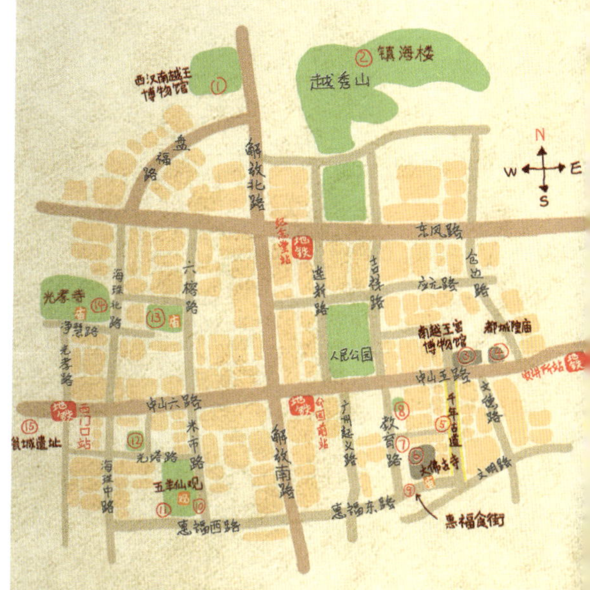

① 西汉南越王博物馆

② 镇海楼

③ 广州南越王宫博物馆

④ 都城隍庙

⑤ 北京路千年古道

⑥ 大佛古寺

⑦ 南越国木构水闸遗址(光明广场)

⑧ 药洲遗址

⑨ 惠福食街

⑩ 五羊仙观

⑪ 南粤先贤馆

⑫ 怀圣寺

⑬ 六榕寺

⑭ 光孝寺

⑮ 西城门瓮城遗址

升空600米 广州塔

在广州塔未建成时，广州的最高建筑是中信大厦，城市的新中轴线还未形成，人们对于广州城的标志也很模糊。

2009年，当广州塔以海拔600米的新高度出现在珠江南岸时，它不仅成为广州的地标式建筑，同时也成为广州的象征。

在任何时候望它，人们的视线焦点总会不自觉地集中在塔的腰身，这是它与其他大多数塔的不同之处。曲线柔顺的塔身结构似乎被周围环境影响着，随着江水的流动或人们视点的转移而扭转躯体，让人联想到女性的温柔与韧性，于是“小蛮腰”这个带有女性气质的别名也随之而来。

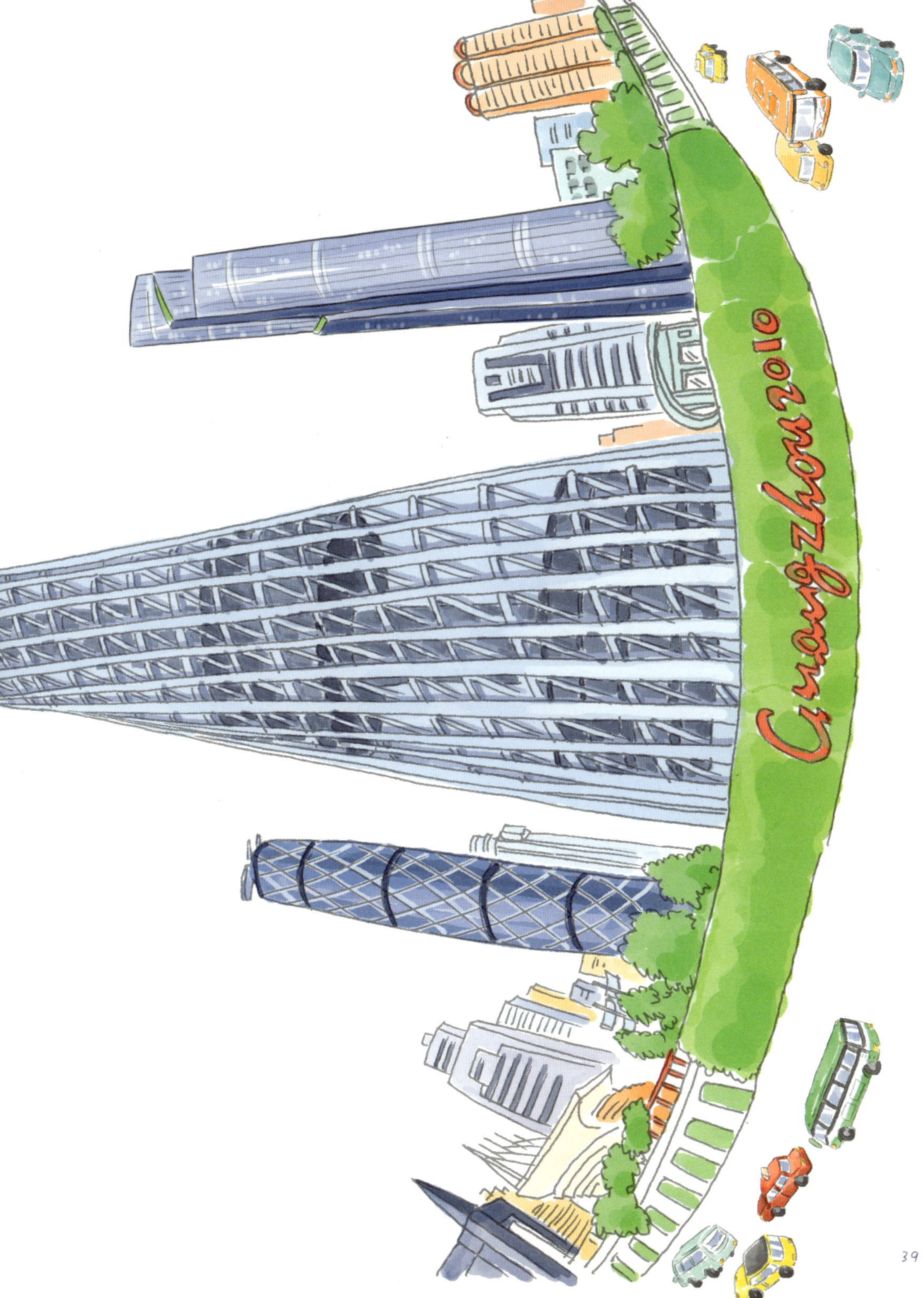
Guangzhou 2010

坐在车上经过广州大桥的时候，可以看到广州塔与珠江北岸那座被称为“西塔”的广州国际金融中心遥遥相对。在外形看来，这两座超高建筑有着气质上的不同，纤长与浑厚，轻盈与沉着，舒展与内敛，似乎代表着两种性别。他们两位所处的直线带就是现今广州城最黄金的地段，也就是城市新中轴线。2014年，位于西塔东侧的周大福金融中心（东塔）封顶，广州的天际线再添一位成员。

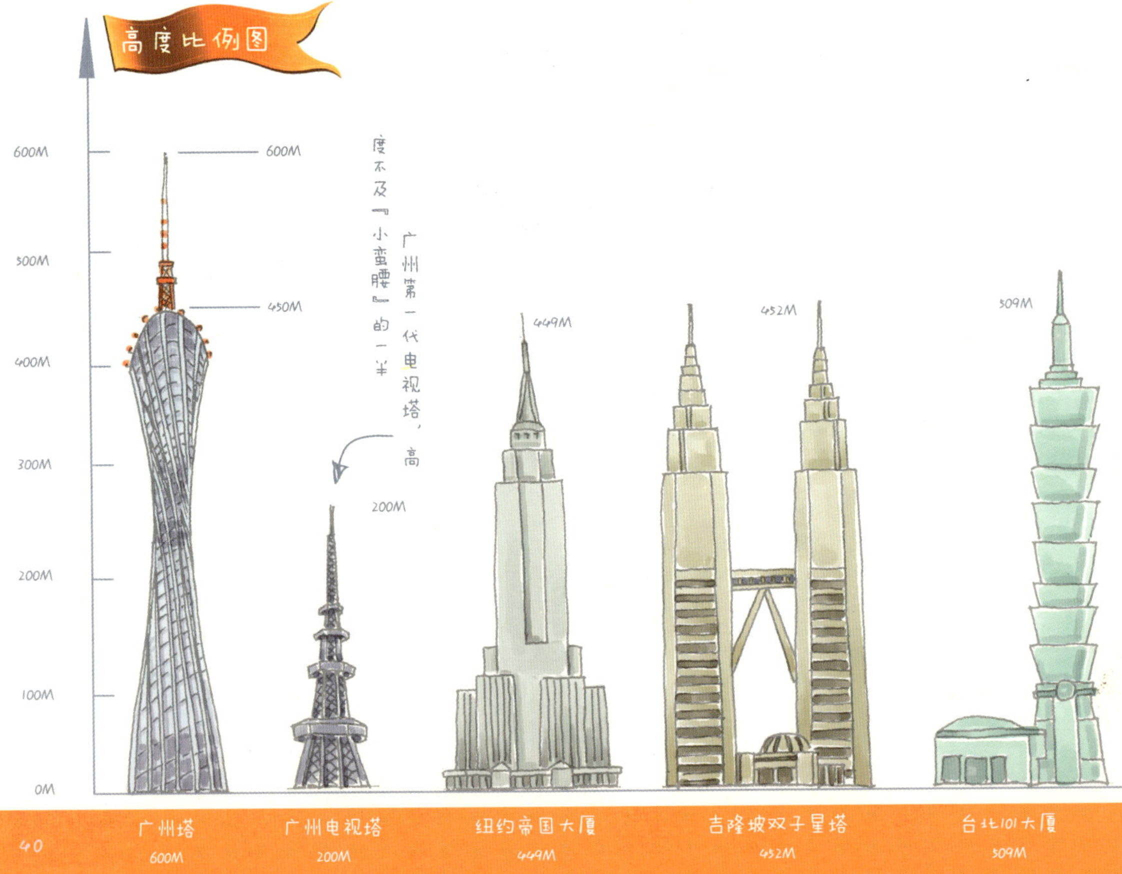

高度比例图

600M
500M
400M
300M
200M
100M
0M

600M
450M

广州第一代电视塔，高度不及『小蛮腰』的一半

200M
449M
452M
509M

广州塔 600M
广州电视塔 200M
纽约帝国大厦 449M
吉隆坡双子星塔 452M
台北101大厦 509M

入夜后，眺望城市灯火，“小蛮腰”显然也是夜景主角。它身上发出的光有一种欢快明丽的气息，感染着途人。而对岸的“西塔”也展现出不同于白天时候的光彩，那是一种智慧理性的光，冷艳却也温婉。“东塔”的繁星外墙更是浪漫非凡。

在日新月异的年代，很难说得准广州塔的高度处于世界何种地位，说不定何时何处又有新高度出现，但无论如何，它已是名列前茅的国际级超高建筑。

广州周大福金融中心	广州国际金融中心	加拿大国家电视塔	上海环球金融中心	上海东方明珠塔
530M	438M	553M	492M	468M

正如一位德国建筑设计师所说的：“塔的形状是由结构自身创造的，结构本身就是它的美感，而不是附加的装饰。”广州塔的造型确实是简洁而优美的，简洁得让人联想到一捆筷子斜插的造型。

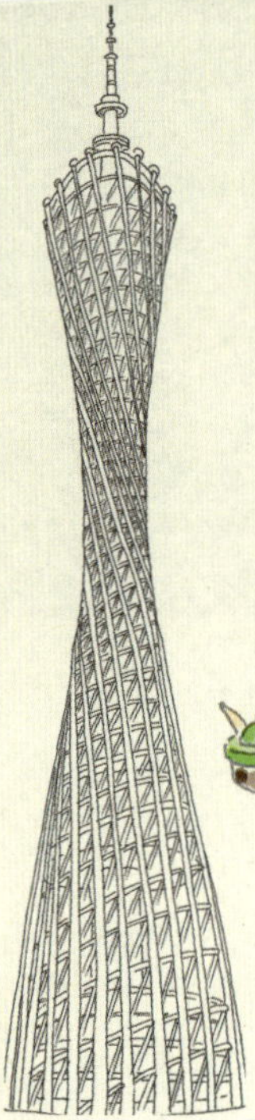

很像粥粉面店放满筷子的筷子筒呢

广州塔看起来是圆柱形的，但仔细看其实横切面是椭圆形的，所以不同角度会有点“肥瘦”变化

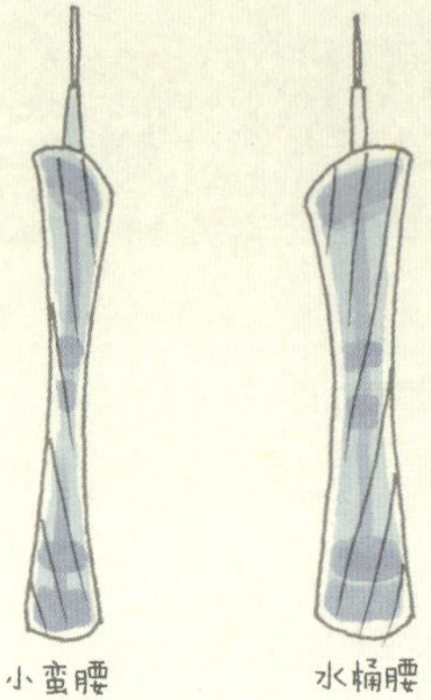

小蛮腰

水桶腰

乘观光梯登塔还需有些耐心，要知道凡是要参观城市标志性建筑，排队是必不可少的。可幸的是电梯速度很快，从1层到108层，只需1分30秒。梯内不断攀升的楼层数字和偶尔露面的窗外景色使游人兴奋雀跃。108层是目前塔内开发参观的最高层，有433米的高度。

电梯门打开后，每一个游客的第一个动作都是往窗边走去，倚栏观景。上到高处，也让人对广州城有了新的看法。所有的瑕疵都看不到了，珠江宛

转绵长，二沙岛翠绿优雅，新中轴线上的广州大剧院、西塔、海心沙，与远处的体育中心连成一串，转个15度角，可以看到琶洲……活生生的广州城市规划一览图就在眼前了。

窗外有360度的无敌风景，从云霄处看整座城市，那些楼房、街道、车辆此刻都变得不真实，这是神仙视角在俯视人间。

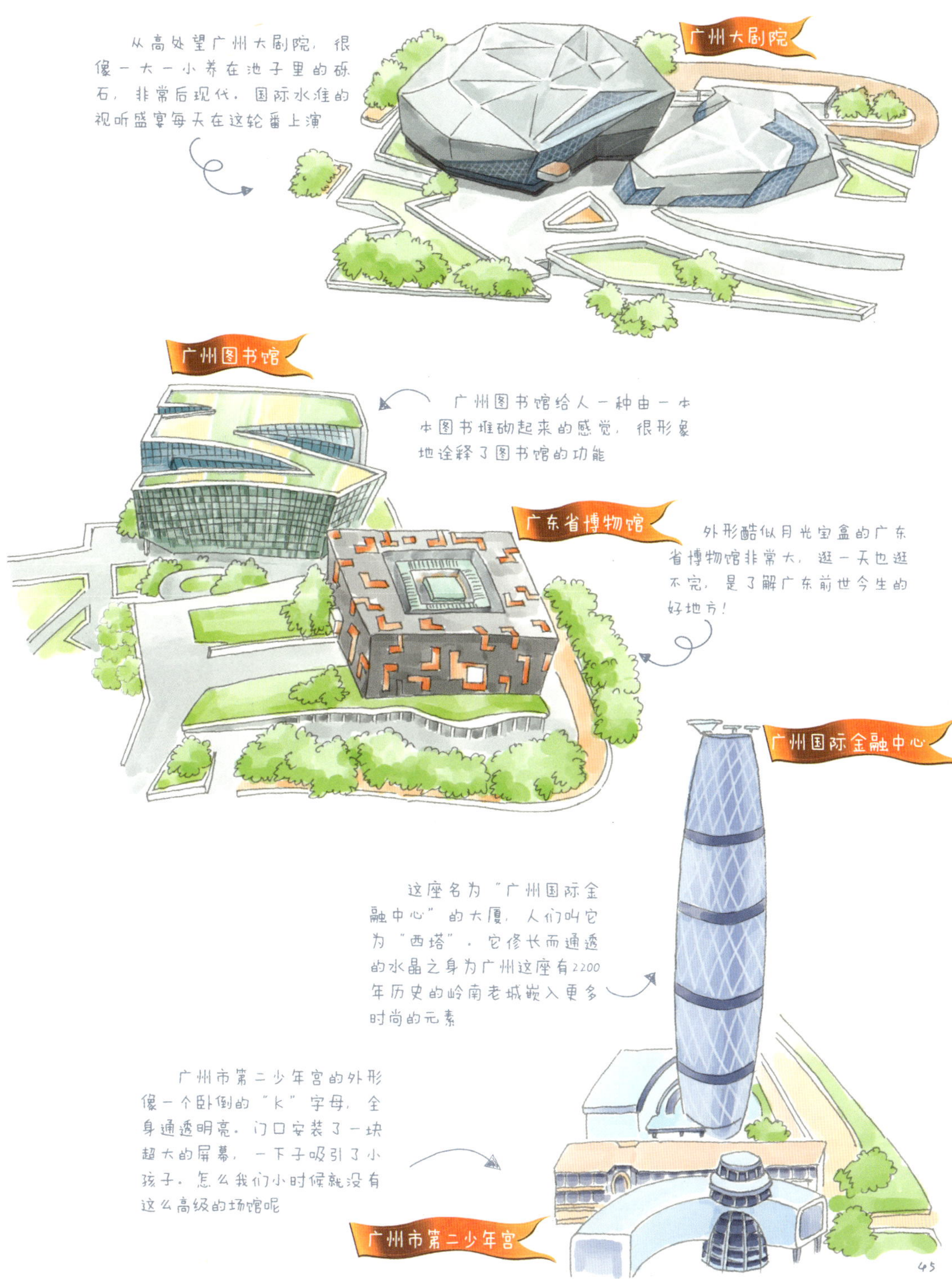
广州大剧院
从高处望广州大剧院，很像一大一小养在池子里的砾石，非常后现代，国际水准的视听盛宴每天在这轮番上演
广州图书馆
广州图书馆给人一种由一本本图书堆砌起来的感觉，很形象地诠释了图书馆的功能
广东省博物馆
外形酷似月光宝盒的广东省博物馆非常大，逛一天也逛不完，是了解广东前世今生的好地方！
广州国际金融中心
这座名为"广州国际金融中心"的大厦，人们叫它为"西塔"。它修长而通透的水晶之身为广州这座有2200年历史的岭南老城嵌入更多时尚的元素
广州市第二少年宫的外形像一个卧倒的"K"字母，全身通透明亮。门口安装了一块超大的屏幕，一下子吸引了小孩子。怎么我们小时候就没有这么高级的场馆呢
广州市第二少年宫

433.2m 108F

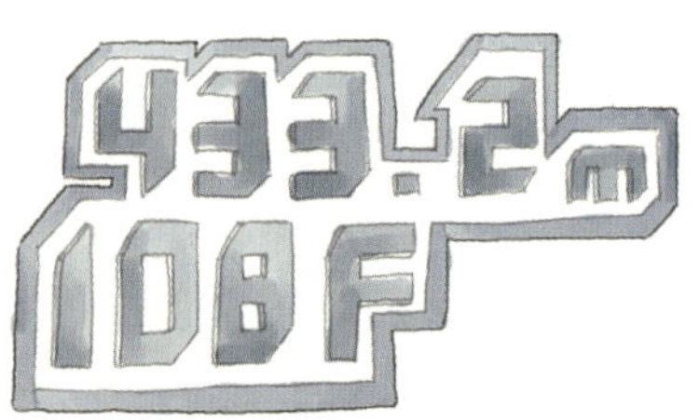

观光大厅内，有凌空伸出的“玻璃格子”，游客站上去，犹如悬浮在云霄，上下左右全部都是透明的。看到玻璃地板下方的地面马路，车流细小如蚁，珠江在脚底蜿蜒，令人晕眩。

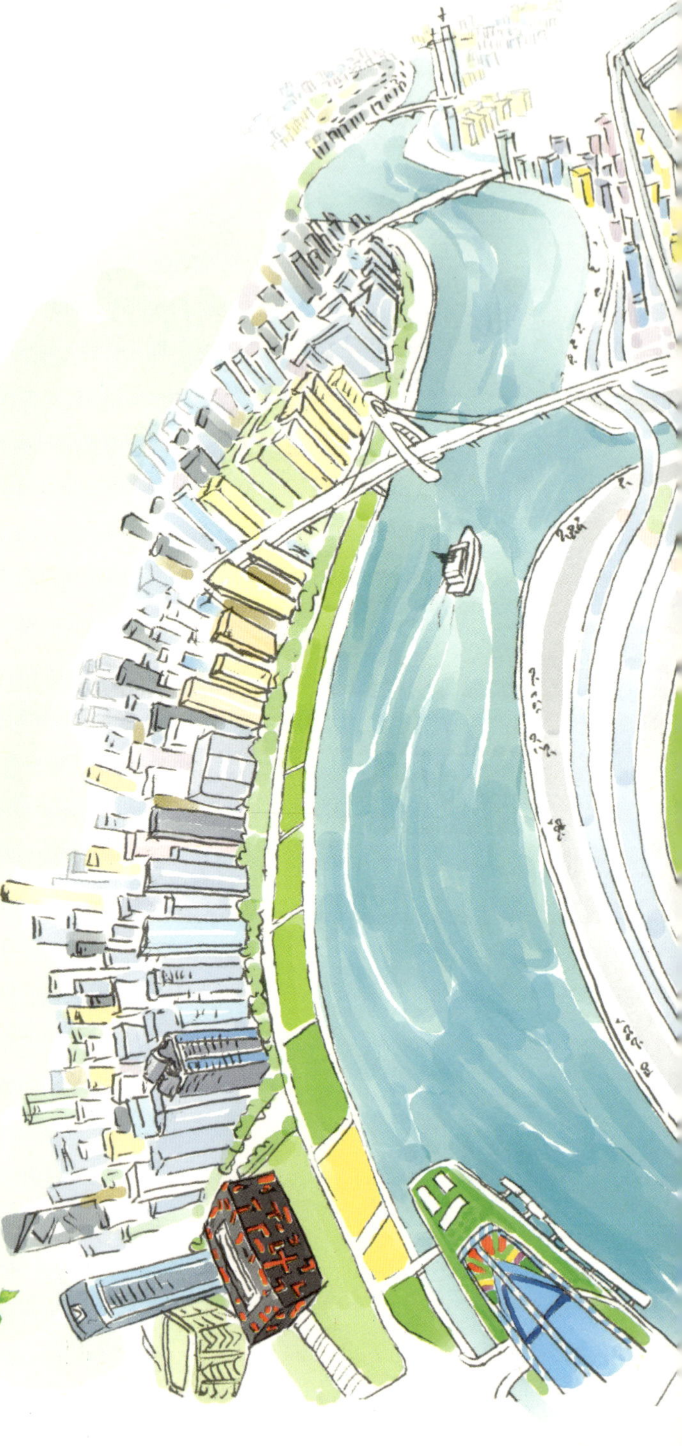

凌空观景

快点吧！我不敢看下面啦
客人别害怕，请看上方
门顶设有摄影装置，可以为游客拍到最惊险的视觉

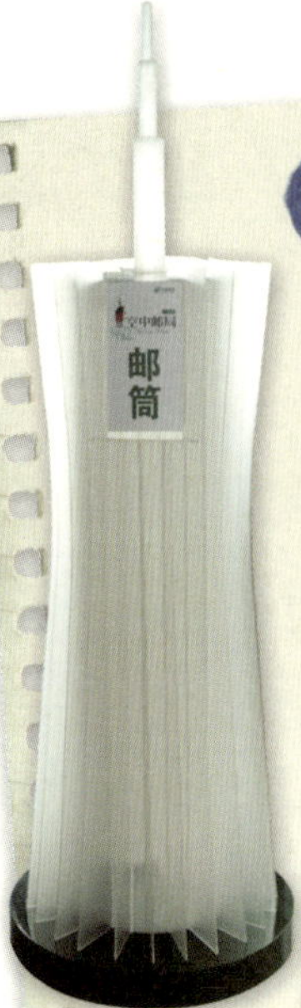

空中邮局
邮
筒

空中邮局

428m 107F

107层内设有中国邮政的专区，广州塔造型的邮筒立在显眼处。写好明信片的游客在此投递，寄出一份来自高空的问候。

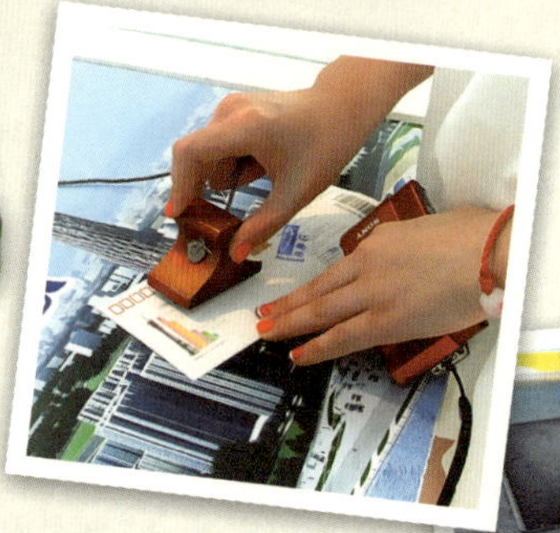

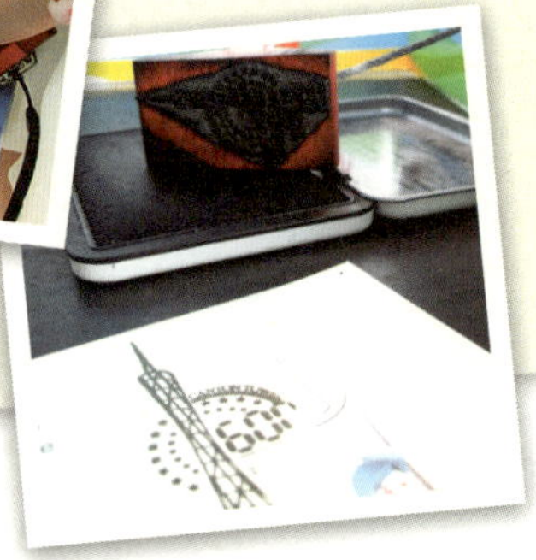

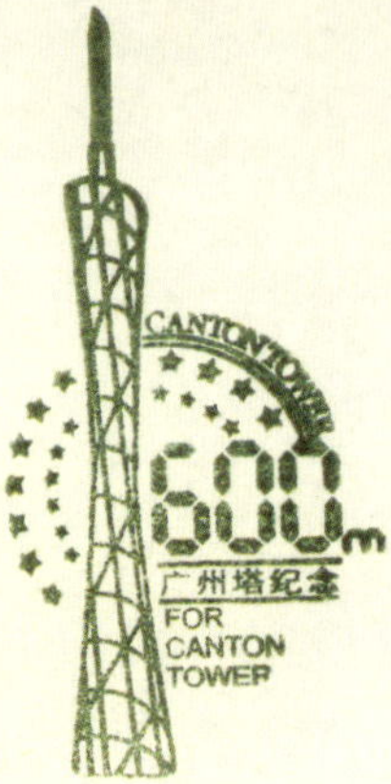

CANTON TOWER
600m
广州塔纪念
FOR
CANTON
TOWER

广州塔的门票本身就是一张明信片，投递前记得盖上广州塔的邮戳啊

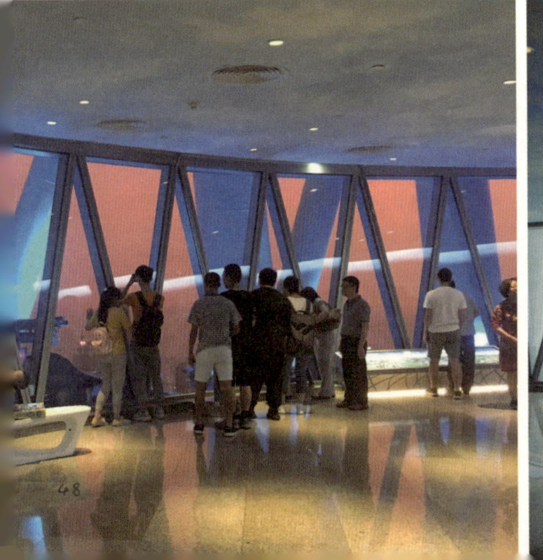

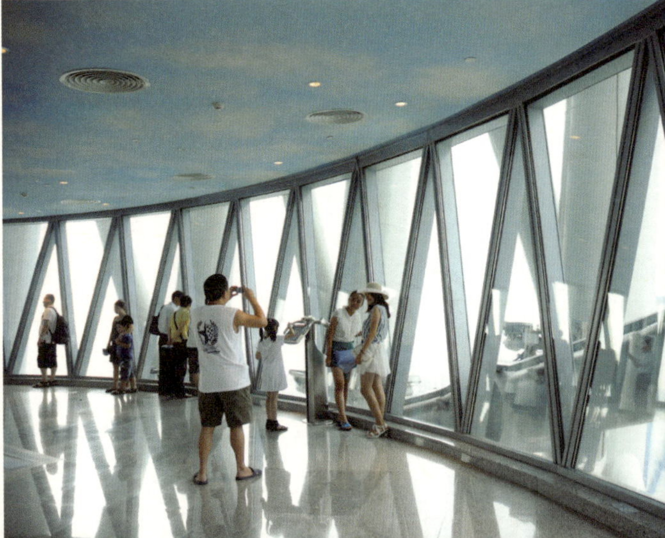

这座突破人类想象力的建筑到底是怎么建成的呢？谜底尽在109层的科普展厅！在这里，你会了解到广州塔运作幕后的许多黑科技系统，见证科技之塔的魅力。

雨水收集系统：回收的雨水通过虹吸管输送到雨水处理池，用来灌溉绿地和广场的清洁冲洗

太阳能光伏幕墙发电系统：太阳能光伏幕墙位于塔身的外部玻璃上，是集发电、隔音、隔热等功能于一身的高科技产品，为广州塔提供充足的电力

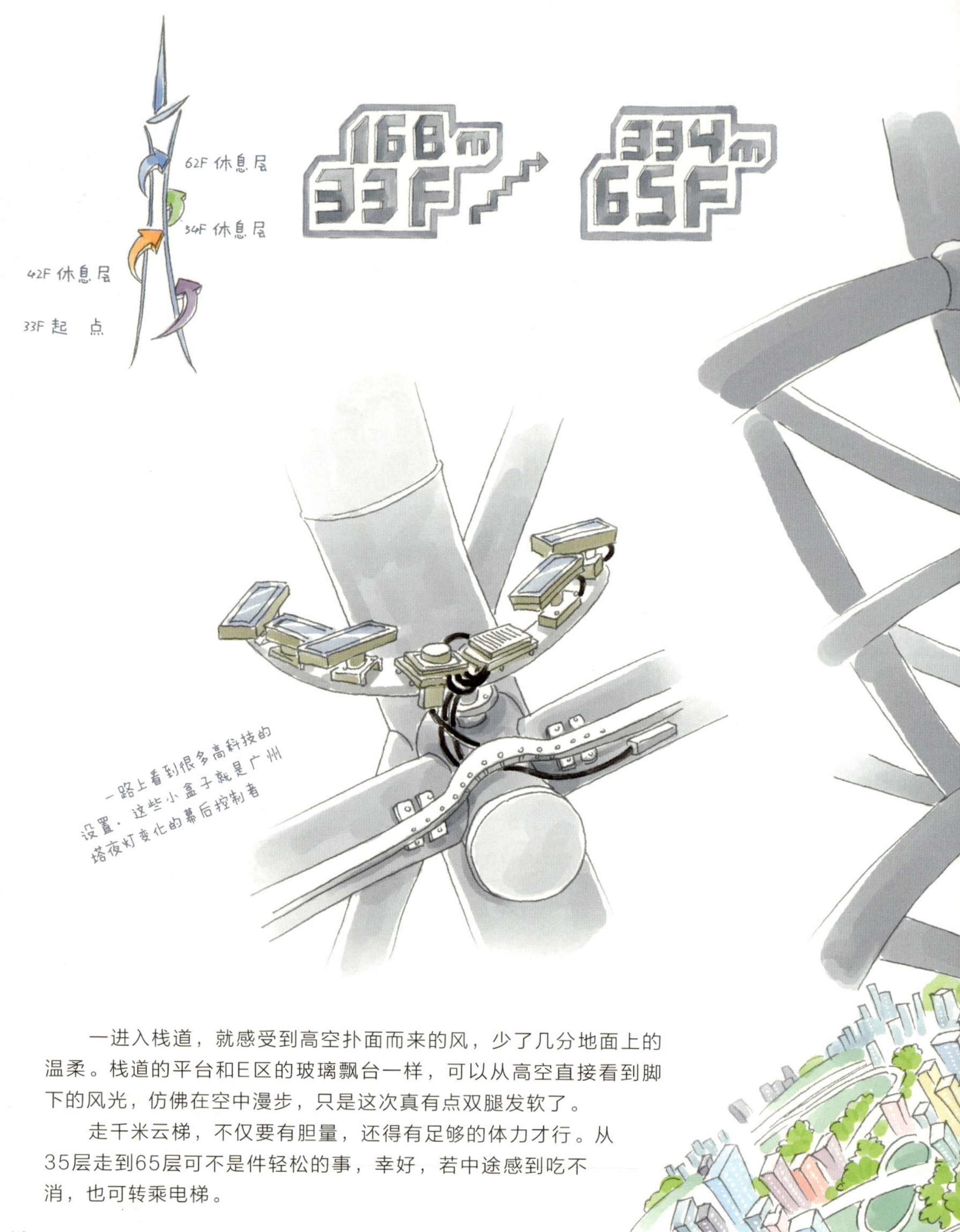

一进入栈道，就感受到高空扑面而来的风，少了几分地面上的温柔。栈道的平台和E区的玻璃飘台一样，可以从高空直接看到脚下的风光，仿佛在空中漫步，只是这次真有点双腿发软了。

走千米云梯，不仅要有胆量，还得有足够的体力才行。从35层走到65层可不是件轻松的事，幸好，若中途感到吃不消，也可转乘电梯。

Spider Walk
家人这边风景更好
脚软啦，我要坐电梯

云霄摩天轮

塔顶450米处，设有目前世界最高的摩天轮。摩天轮由16个球舱组成，每个球舱可坐6人，一圈大约需时20分钟。20分钟在云霄的感觉，是浪漫还是刺激？

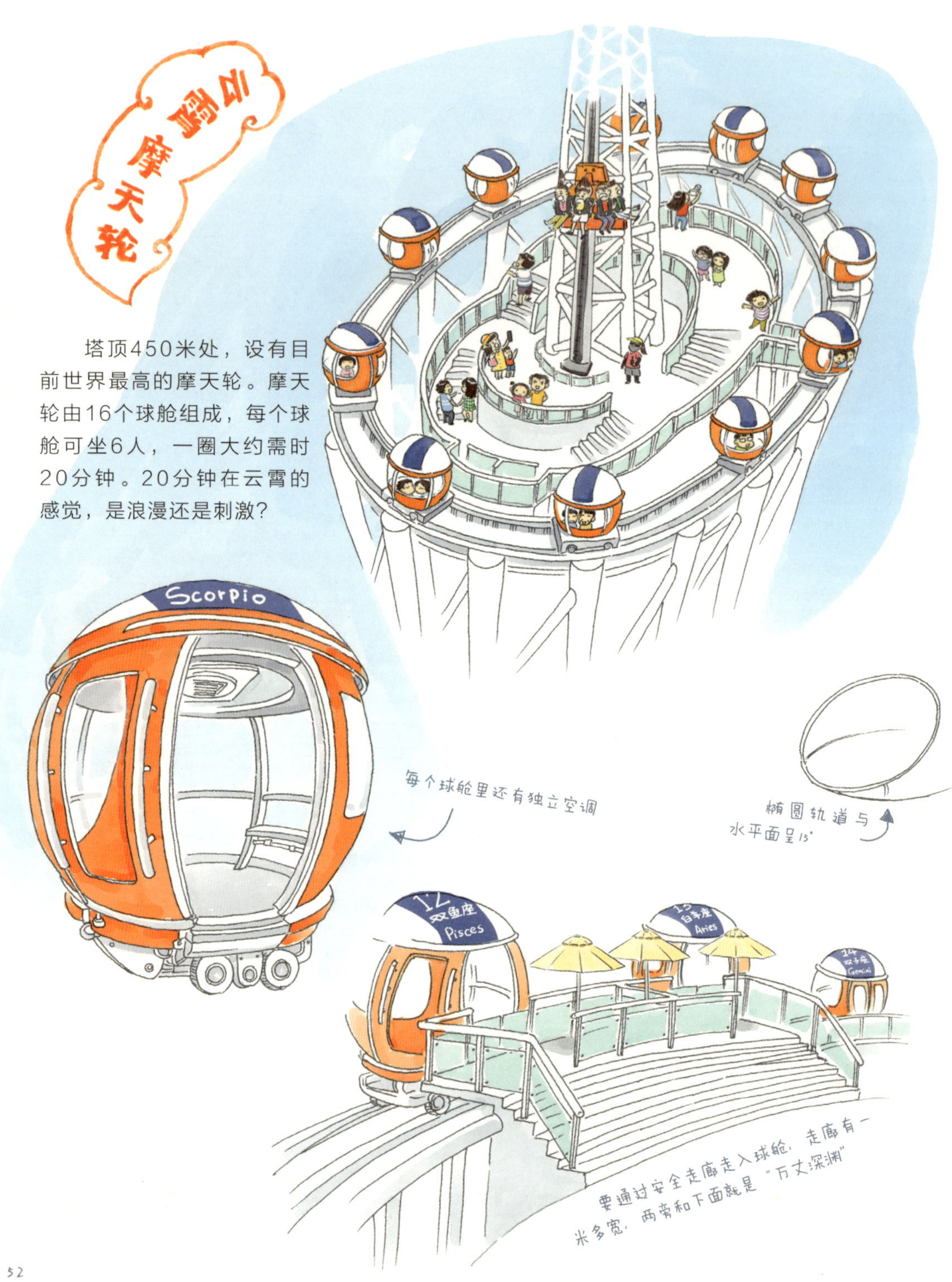

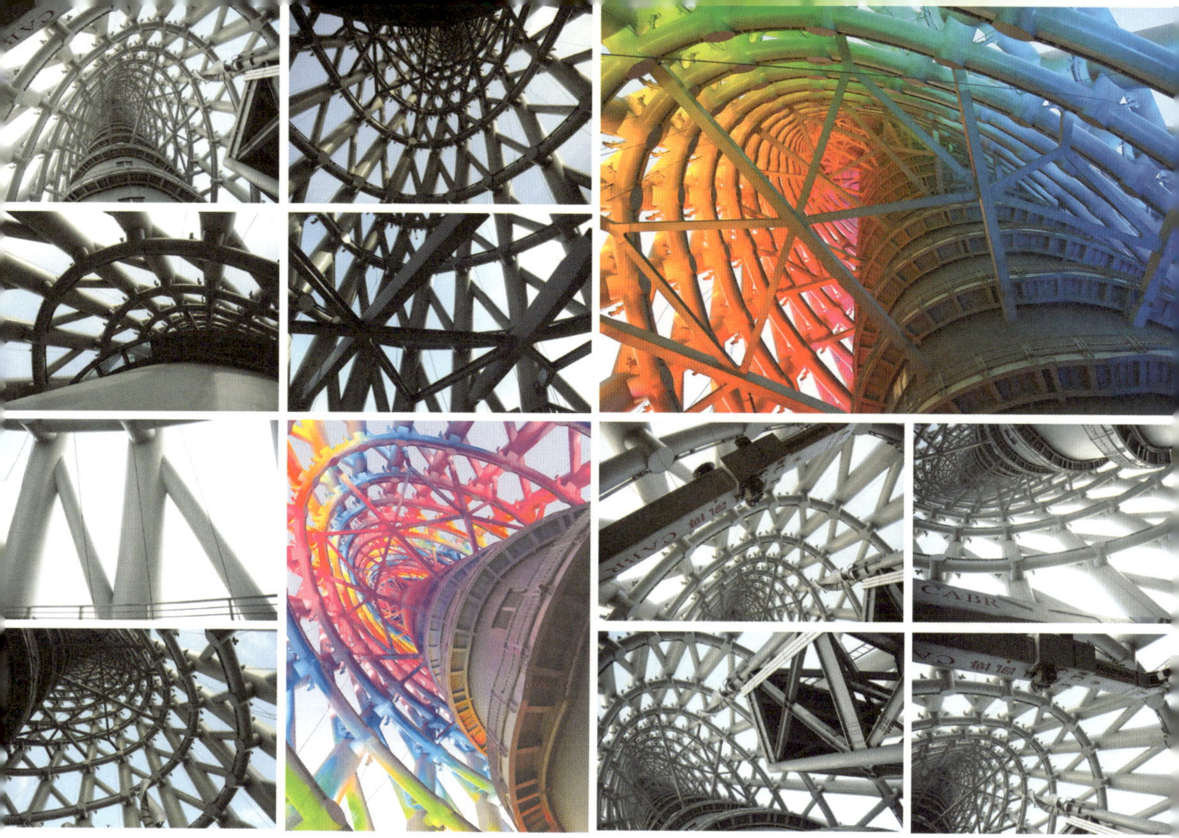

除了可以观赏广州城的日景外，还可等到落日余晖散尽时，细细品赏流光溢彩的华丽夜景。下塔时，切记要好好回头欣赏一下广州塔这个全城夜景的主角，好戏总在后头。

红、橙、黄、绿、青、蓝、紫，双色变换到三色交融再到七彩绚丽，广州塔到底需要多少件霓裳，才能以百变天后的美艳征服这座不夜城的黑夜呢？“小蛮腰”，这样一个娇媚的名字，折射出了广州人内心的温情和浪漫。

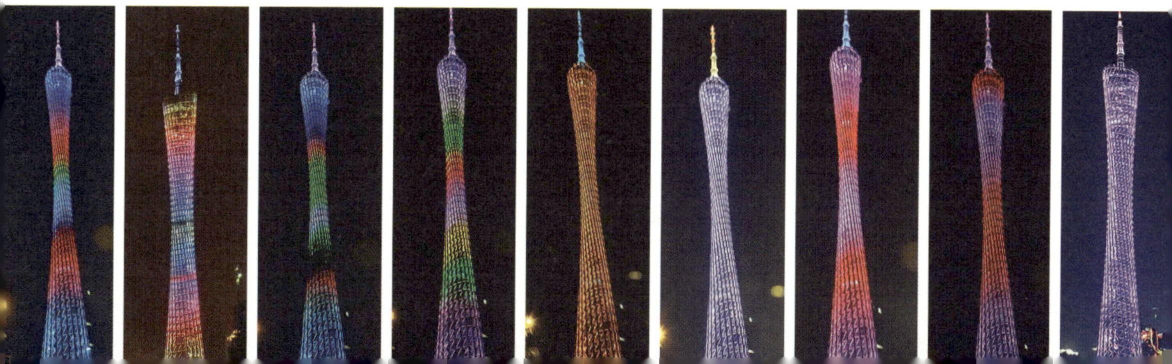

作为城市的新地标，广州塔婀娜地矗立在广州新中轴线与珠江景观轴线（城市横轴）的交汇处，成为城市新中轴的高潮。

A 广州火车东站

广州市最大的城市广场，广州建设国际大都市的重要标志和对外开放的窗口。广场里89米宽的"黄果树"水幕瀑布，与喷泉、灯光效果及背景音乐完美配合，在每个重大节日都上演声势浩大的奇幻表演

B 天河体育中心

比起举办第六届全国运动会、2010年广州亚运会等重大赛事的主会场，天河体育中心给广州人的印象更多是全民健身的重要基地。每到周末，足球场、篮球场、乒乓球场等场地都热闹非凡。随着广州足球队的主场回归，这里的人气将会更加火爆

C 珠江新城

广州市最大的城市广场，集中体现广州国际性城市形象的窗口。21世纪CBD区、金融中心、高端服务业中心、文化中心、跨国公司总部中心……一个个闪亮的光环戴在头上，让它一下子成为城市的发展方向标。这片高楼大厦林立的宝地，被寄予了怎样的厚望呢

E 广州塔

广州塔是广州新电视塔的名字，为国内第一高塔，与海心沙岛及珠江新城隔江相望。它摇曳的风姿早已成为广州市的标志性艺术品，能在万里高空360度俯瞰整个城市，除了广州塔别无二家

珠江新城旅客自动输送系统，畅通穿梭于珠江两岸

APM

广州塔

GuangZhou 2010

D

E

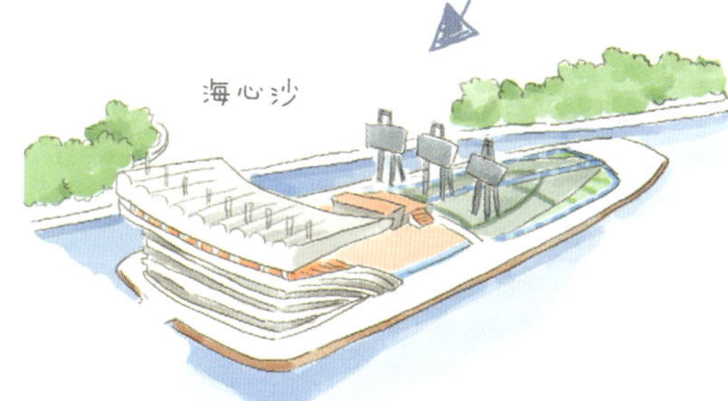

D 海心沙

海心沙岛四面环水，没有围墙，是珠江仅有的几个小岛之一。从空中看海心沙就像是一艘帆船，因为距离珠江口不远，它被挑选为2010年广州亚运会的开闭幕式场地，寄寓着广州和中国扬帆起航走向世界的美好愿景，顿时成为全亚洲的焦点

广州塔地图

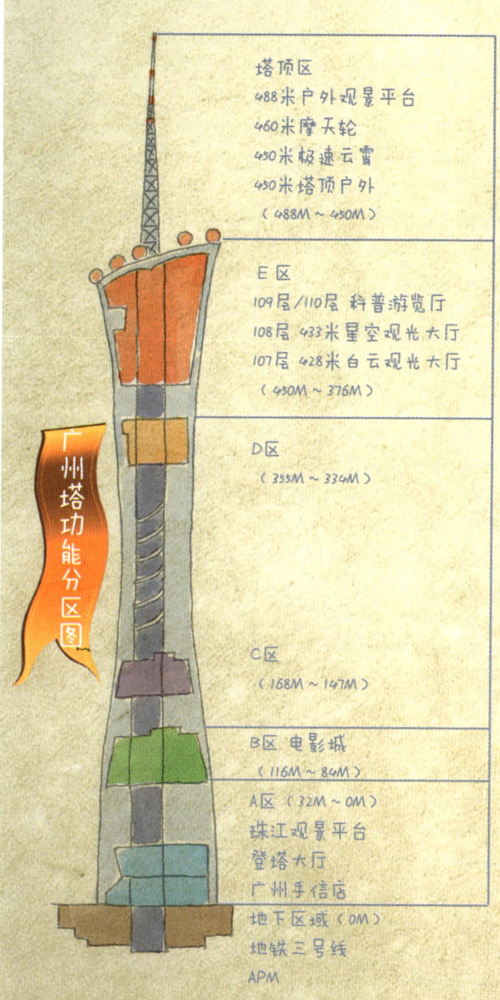

城市新中轴

广州作为千年商都，向来有“敢为天下先”的奋斗精神。越来越国际化的经济地位为这片土地带来了壮观的城市建筑群与文化休闲中心，无论是本地人还是游客，都能在这里重新认识一个现代化的广州，与未来相遇。

猎德大桥
I ♥ GuangZhou

新中轴线

在600米高空领略过广州的现代城市轮廓后，不妨来一次“脚踏实地”的探索之旅。漫步在绵长的珠江河畔，微风捎来寸寸花香，为对岸的建筑群提供了最天然的衬托。绿荫相伴的城市轻轨、珠水环绕的水上巴士、一站直达的地铁APM线……便利的水陆交通为你想要的遇见提供一切可能。

绿草茵茵的有轨电车站

珠江河畔盛放的勒杜鹃

从广州塔码头乘船出发，只需短短五分钟的航程即可到达对岸的海心沙码头，所以航行路上可别耽误难得的窗外美景哦

海心沙

海心沙岛是珠江新城核心区轴线的端点，也是珠江上为数不多的小岛之一。踏上海心沙的土地，宏伟的建筑仿佛把人们拉回到了2010年的夏天，那场举世瞩目的体育盛会依旧令人心潮澎湃。

为花城代言的还有场馆周围的大片花海，精致小巧的波斯菊与层次曼妙的醉蝶花交相辉映，随手一拍都是大片！

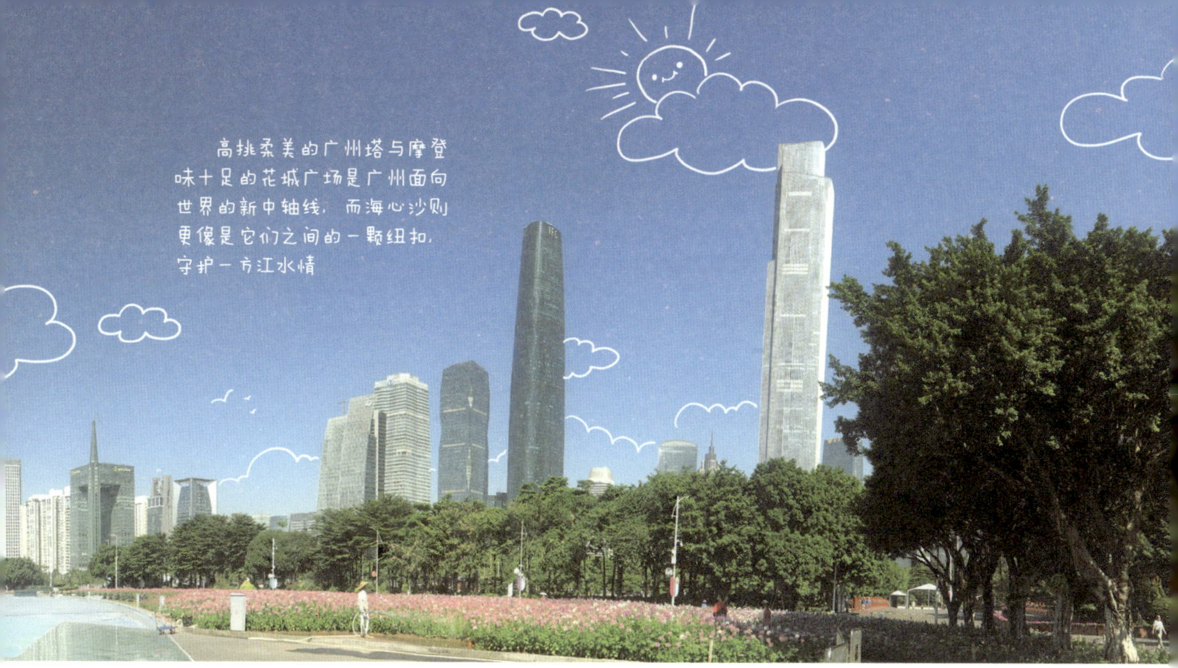

高挑柔美的广州塔与摩登味十足的花城广场是广州面向世界的新中轴线，而海心沙则更像是它们之间的一颗纽扣，守护一方江水情

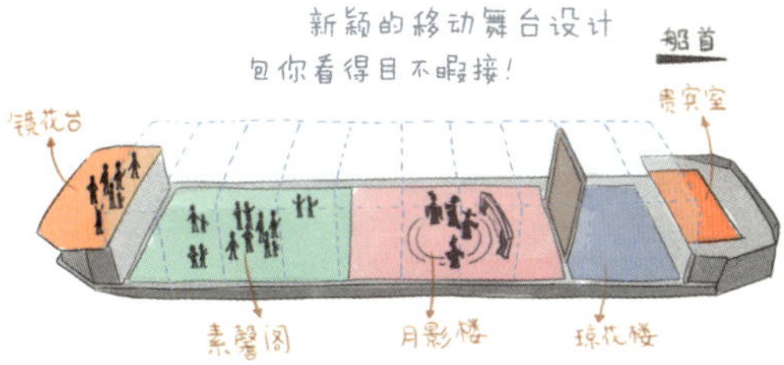

新颖的移动舞台设计包你看得目不暇接！

船首

贵宾室

镜花台

素馨阁

月影楼

琼花楼

红船曾是粤剧的象征与符号，如今，载满广州故事的粤剧红船重返珠江，还加上了许多高科技元素，呈现出酷炫的3D粤剧。

演出结束后，游客们可以走上甲板欣赏璀璨的珠江夜景。

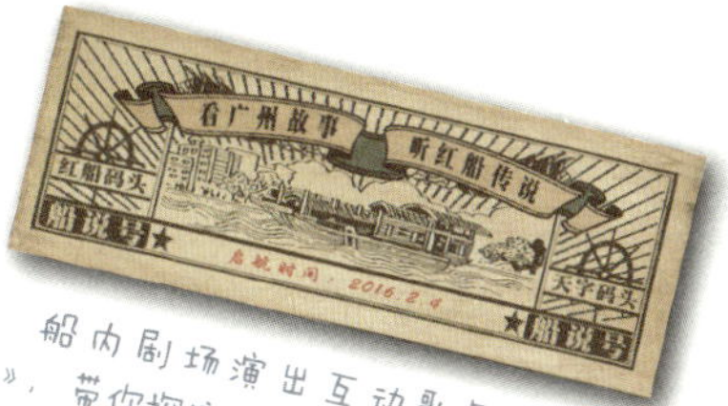

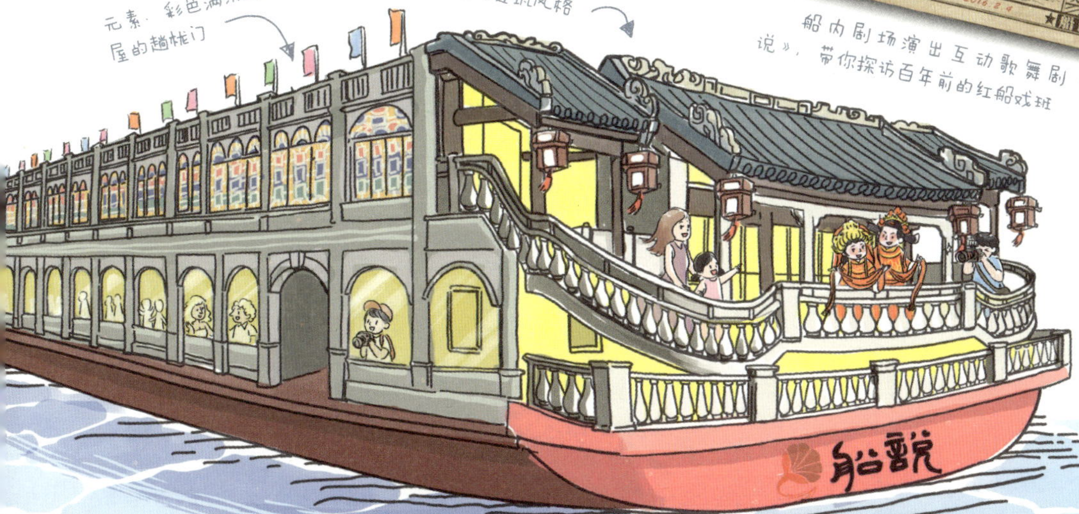

看广州故事 听红船传说

北京路、恩宁路的骑楼元素、彩色满洲窗、西关大屋的趟栊门

陈家祠和佛山祖庙的建筑风格

船内剧场演出互动歌舞剧《船说》，带你探访百年前的红船戏班

船说

广州图书馆

广州图书馆是新中轴线中的知识“聚宝盆”，也是图书馆中当之无愧的人气NO.1！它的外形就像三本靠在一起的“大书”，中间的缝隙是图书馆的入口，仿佛置身“书页间的博学浩瀚”。

方便快捷的还书系统

广东省博物馆
藏
广东省博物馆是人们了解广东历史、文化、自然的大本营。博物馆的外观模仿了精雕细琢的宝盒，俯瞰起来还像一个巨型“二维码”！不过这个“扫一扫”功能就需要大家亲自入馆体验咯！
最大的恐龙化石高达两米，头能直接伸到二楼
古生物展馆是省博里的“网红”打卡地，十几种1:1恐龙化石就在身边，空中还悬挂着簇拥成群的海洋生物标本，恍惚之间，仿佛身处古老的海陆之间

广州大剧院

广州大剧院是华南地区最先进的表演中心。这里有星光璀璨的歌剧厅、舞台多变的实验剧场、宽敞明亮的芭蕾舞厅等世界一流演艺设备，在家门口就能欣赏到来自全世界的顶级艺术展演啦！

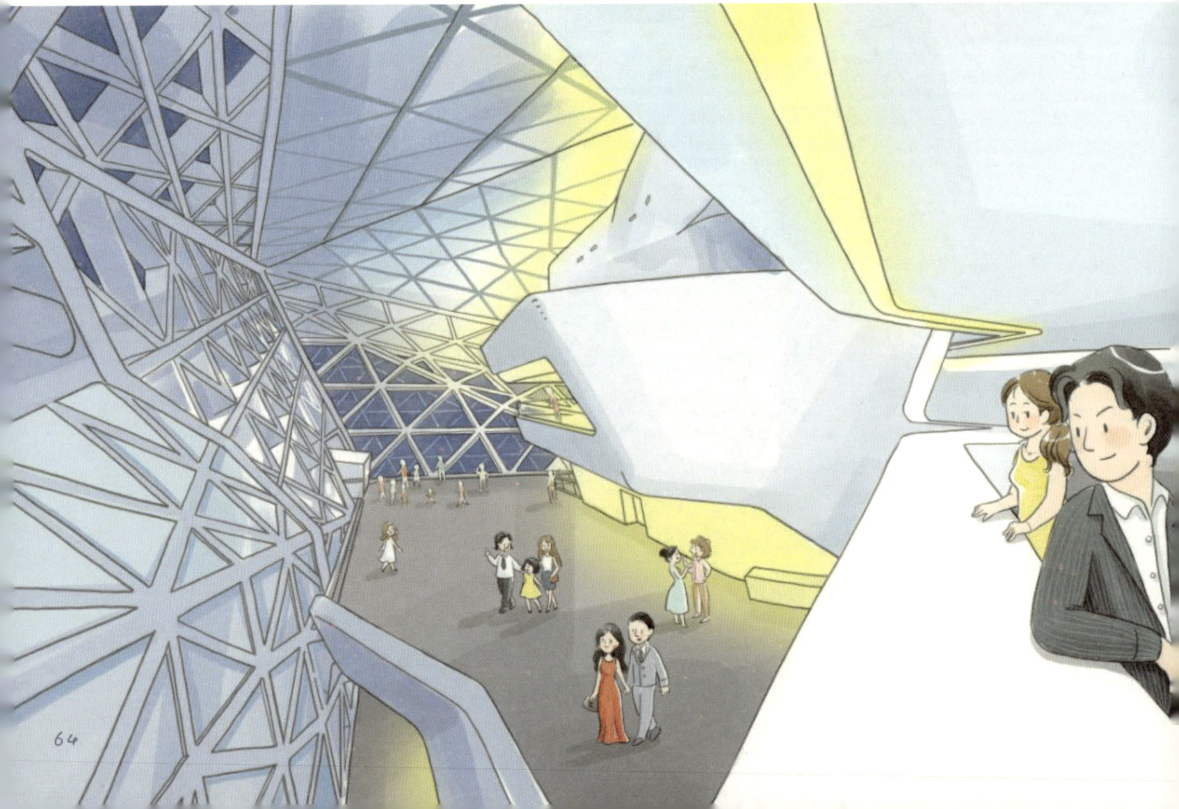

在花城广场这个“城市会客厅”里，每座文化建筑都有它独特的建筑肌理，拼在一起就是一扇多姿多彩的都市风情百叶窗！白天的清新通透，夜晚的目眩神迷，都是这座新中轴线带给我们的浪漫惊喜。

在标志性建筑西塔和东塔之间，那个椭圆形的广场就是双塔广场。站在广场中间，你能感受到来自东西塔高度的宏伟感，不禁为广州的高楼建筑鼓掌。广场上的音乐喷泉还不时泻玉飞珠，无论日间还是夜晚都吸引了大量游人驻足。游人可随音乐舞动，感受广州的韵律。

西塔顶楼是个停机坪，能停3吨以内的直升机呢

有一种夜晚，叫做广州国际灯光节！作为世界三大灯光节之一，这场一年一度的超级灯光派对是人们观赏打卡的必选项

每晚六点开始，夜幕初降，珠江河里的轮船纷纷亮起绚烂的灯光，摇身一变成为夜晚的主角。乘着轮船踏入珠江的脉络，你不仅能在室外观赏到珠江两岸灯火繁盛的城市风貌，还能享受轮船内部提供的精致茶点，可谓视觉味觉两不误。话不多说，快赴珠水之约，享受最正宗的“广式夜生活”吧！

金舫号

金璟号

南海神号

新中轴线地图

① 广州塔
② 海心沙
③ 花城广场
④ 体育中心
⑤ 广州东站

APM（珠江新城旅客自动输送系统）

广州塔—海心沙—大剧院—花城大道—妇儿中心—黄埔大道—天河南—体育中心南—林和西

迷人的老房子

新河浦

在广州，曾有这么一个华侨大本营。这里有一栋栋精致的小洋楼，中西合璧的装修颇有几分异域风情；这里曾住着东山少爷和西关小姐，还有传教士创办的中学；这里见证过许多重要会议，关乎国家存亡……究竟还有多少故事沉积于此呢？让我们走进这些迷人的老房子里去一探究竟吧。

新河浦

两岸青葱，繁花点点，新河浦指的就是这条漂亮的河涌

从3路车总站出发，转个弯就能看到一条两岸铺满勒杜鹃的小河涌，这便是新河浦。这片宁静的小区就像有一道隐形的围墙，把城市的喧闹排除在外。

午后时分的新河浦，让人感到格外宁静清闲，像连时间都放慢了一点。夕阳打在斑驳的红砖墙上，映衬着华侨小洋楼中的门窗、砖瓦，仿佛回放着那些东山世家们的故事。阡陌交错的林荫小道，虽时常让途人迷路，却也使得摄影师们如探宝般发掘着深藏在小巷里的迷人画面。

新河浦一带曾经是老广们所说的“老东山”。清末民初时，大批归国华侨在此地定居，建起了一栋栋既有着东方精致，又有着西洋气派的小楼。漫步其中，欣赏着当年华侨大亨们绞尽脑汁、争相建设的独特小楼，感觉分外有趣。

春园坐落在新河浦路的河岸边。这栋华丽的三连体别墅，曾是中共三大会议期间代表们的临时住所。据说当时中共的主要领导人，都是这里的住客。

想象 中共三大会议旧址再现
原来的会址在战争时期已被摧毁
中共三大会址老照片
与会代表的名字每个都响当当
葵园
三大会址
春园

话说中共三大之所以转移到广州市郊召开，是因为国民党不少的军政要员都住在新河浦。代表们在这里安营扎寨，与小洋楼的“业主”们互动就方便得多了。中共三大最后促成国共合作，会议选址绝对是功不可没的。

小洋楼很多都带有门楼，专门标示洋楼的建造年份
1930

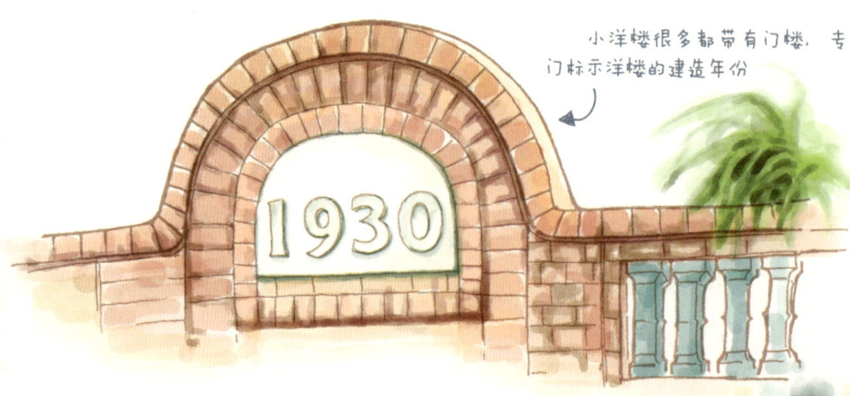

小洋楼几乎每一个细节都无可挑剔。对着一扇铁窗、一个阳台，都能静静欣赏好一会儿。看久了，约莫能猜出几分洋楼主人的性情。

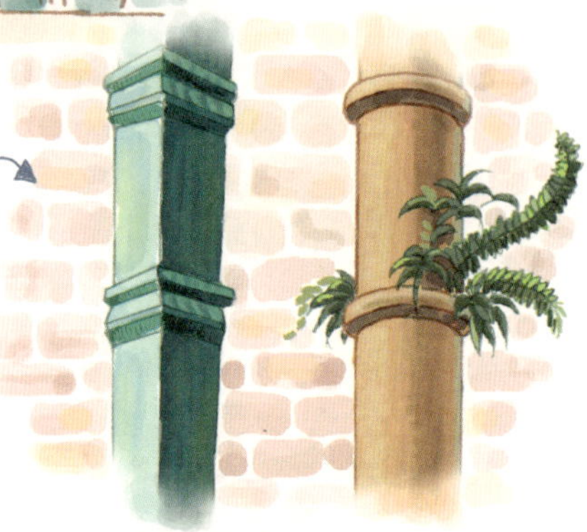

每根排水管都是量身定做的

1930
三楼边窗是洋楼的一大特色，一面墙可开三个方向的窗，采光通风顿时升级

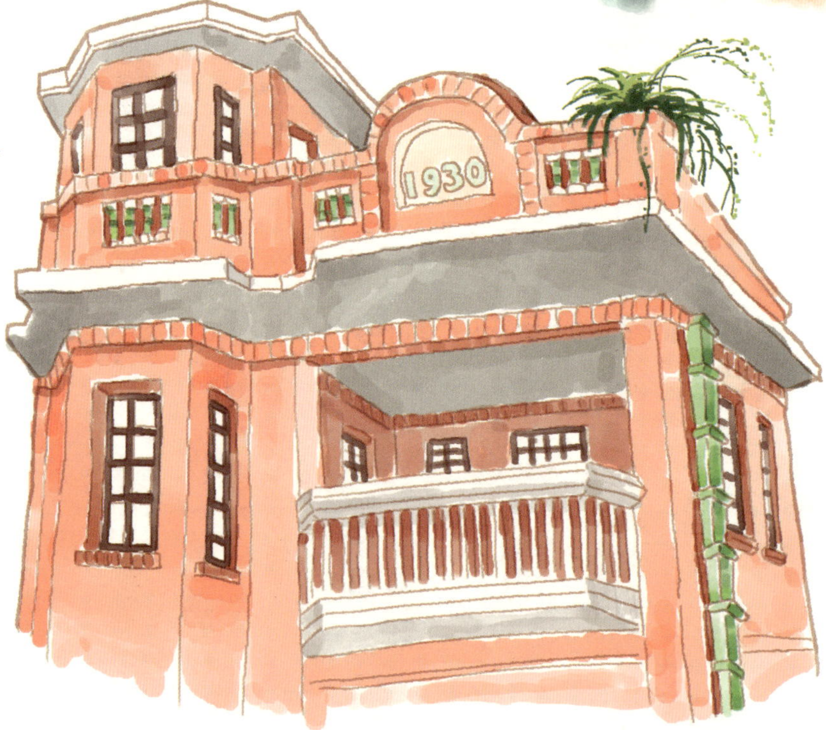

美轮美奂的欧式风

特立独行的明亮风

低调奢华的简约风

色彩浓艳的传统风

优美高雅的复古风

小清新的田园风

新河浦一向以红砖屋为主打，偏偏这栋洋楼时髦地铺上鹅黄色的石米外墙，走地中海风格

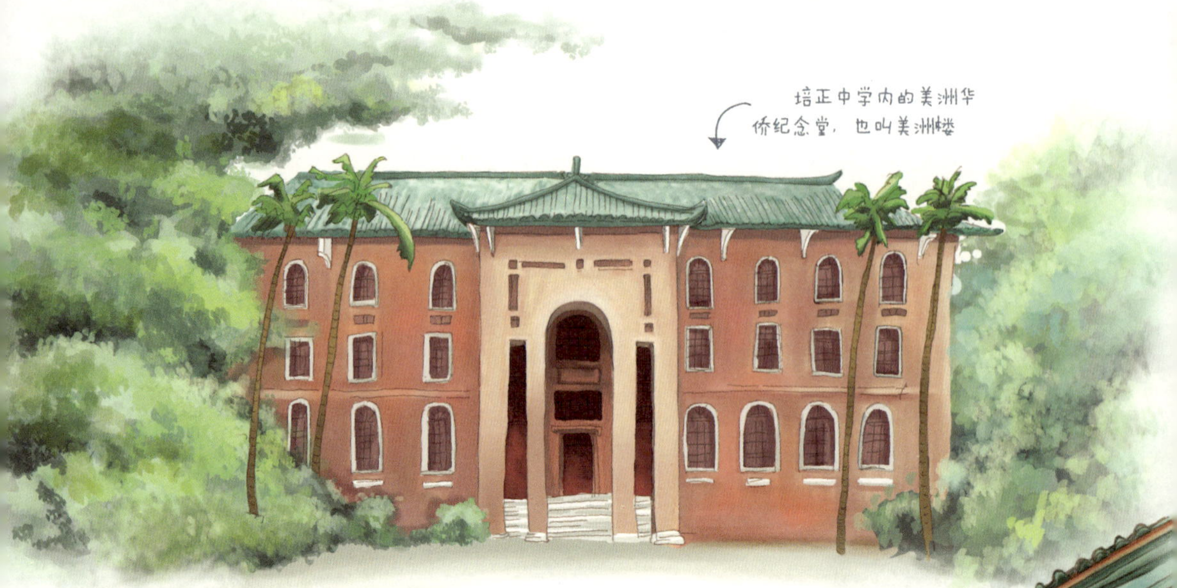
培正中学内的美洲华
侨纪念堂，也叫美洲楼

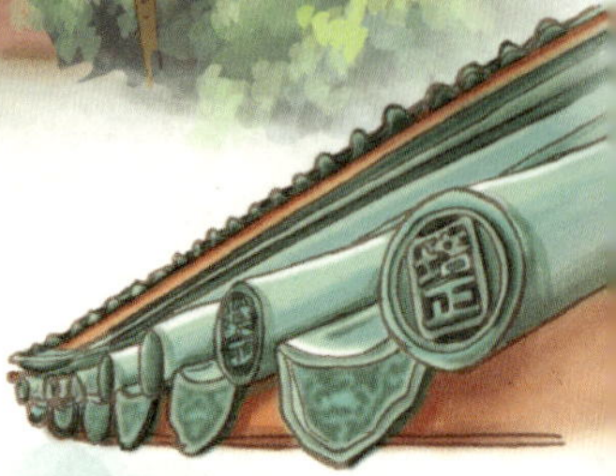
细看瓦当上每一个都印
上了“培正”的字样

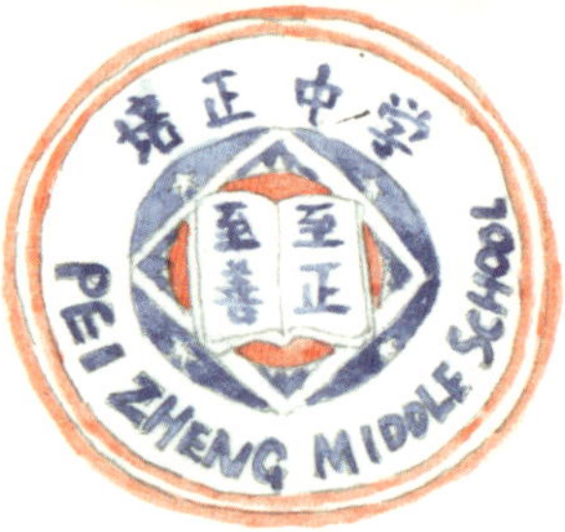
培正中学
至善
至正
PEI ZHENG MIDDLE SCHOOL

传教士是新河浦的第一个开发商，为了更好地发展传教工作，他们创办了三间教会学校——“培正”、“培道”、“培英”，其中“培道”（广州市第七中学）和“培正”（培正中学）就设在新河浦，一直办学至今。

培正有一个独特的传统：每年校庆，校友们都会送母校一份礼物，假山、喷水池甚至教学楼，从不落空。

培正中学

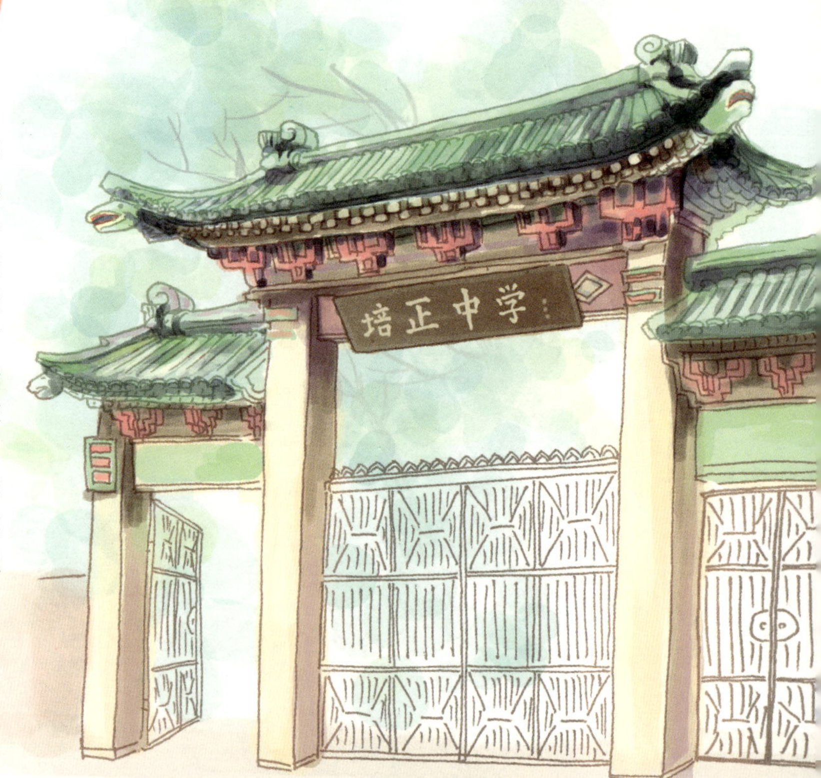

在新河浦的洋楼中，到处可见各式各样的小阳台。爱花的人自然会把这仅有一扇门的小阳台布置得更加可爱。每当温和的阳光洒在新河浦的红砖墙上，抬头时发现那些精致的小阳台，还有那阳台上熟睡的猫咪，暖暖的色调，让人感觉格外温馨。

午后的阳光绚丽

半圆形的阳台

绿树红楼

弯弯曲曲的窄巷，
踏着余晖拉长的光影，
享受一个人的浪漫

新河浦的路窄窄的、弯弯曲曲，像个大迷宫。一路的绿荫，舒适得让人忘了“疲倦”二字。鳞次栉比的红房子有很多值得玩味的地方：庄严的石库门、通透雕花的荷兰铁、栽满花草的小阳台……几许神秘，几许怀旧。

一路流连，发现不少洋楼挂着两个牌子，一个是门牌号码，一个是洋楼的名字。虽然大门绝大部分都紧紧锁着，但丝毫不影响游意，反而多了几分窥探的意欲、幻想的空间。

勒杜鹃是这一带最
有人气的"懒人花"

庄严的"山"字形屋顶

在寺贝通津发现了这座基督教堂。教堂虽然算不上华丽，但它气定神闲的气质，有让人宁静的力量。

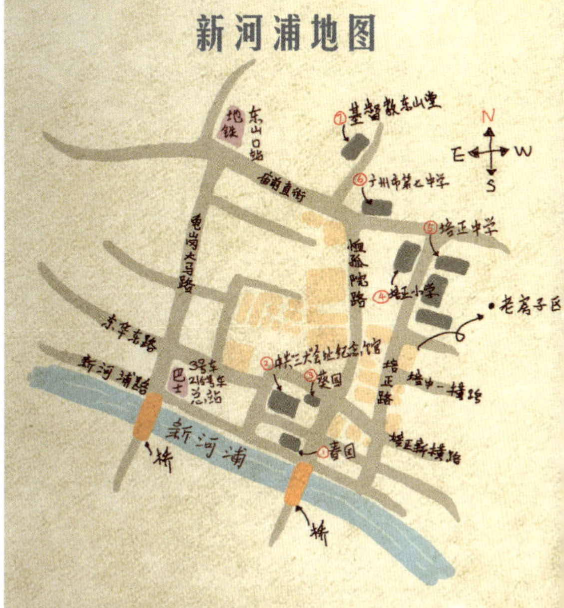

① 春园

② 中共三大会址纪念馆

③ 葵园

④ 培正小学

⑤ 培正中学

⑥ 广州市第七中学

⑦ 基督教东山堂

骑楼下的风景

西关

骑楼文化早已深深扎根到了广州人的日常生活里。它为路上的行人遮风避雨，成就了许多远近闻名的老字号商铺，孕育了兴盛的粤剧文化……街坊邻里间互相问候，最美好的西关风景莫过于此。

骑楼

恩宁路

在窄窄的街道两旁，一栋栋房子好像长了脚，下面是一条通爽宽敞的走廊，走廊很长，绵延至几条街，无论是烈日炎炎还是雨水如注，人们都可以舒适地走在里面。这就是骑楼。

骑楼，顾名思义是骑在路上的楼房。在广州这个商机勃勃的市井之中，把人行道空着，实在浪费。于是，精于商道的广州人便发明了骑楼，这样一来，既可让楼上住户多得空间，楼下行人也可避免日光曝晒和暴雨侵袭。更重要的是，这阴凉通爽的走道自然成为商户的最佳生意场所。

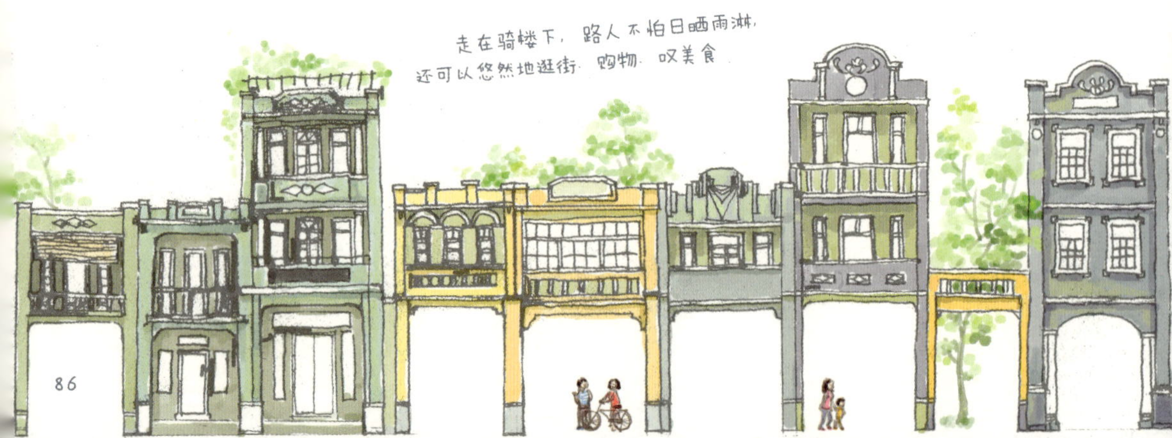

关于骑楼的起源，大致可追溯到19世纪末20世纪初，那时候的广州作为一个重要的对外通商口岸，商机勃勃，自然产生了许多以商为生的家族。在西风东渐的年代，人们把异国他乡的文化带到日常生活中，骑楼就是这个背景下的产物。细心看，骑楼上的装饰细节从不掩饰它的洋血统。

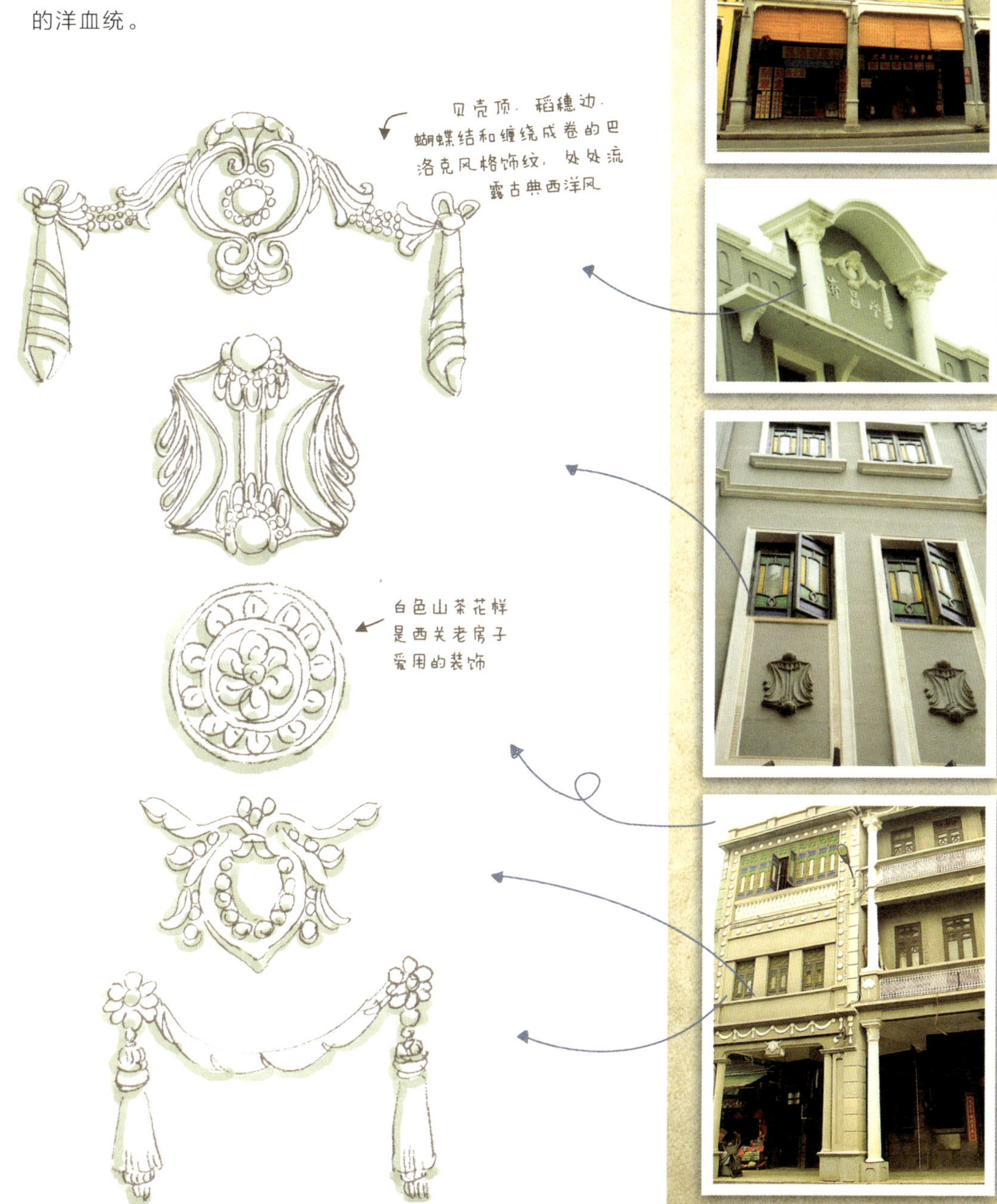

骑楼不仅可以遮挡雨水，还为人们提供了生计。

在恩宁路的骑楼下，各式各样的小商铺丰富着广州城的色彩。打铜铺、茶叶店、士多、补鞋档，这些小商贩世代在这里经营。街坊邻里相互问候，打铜铺师傅叮当敲打铜壶的脆响，士多里猪朋狗友们的“吹水”欢笑，为这片古老的建筑添注了无限的小幸福。

怀旧的DIY烟丝，包装好有趣，上面的黑猫好邪恶，是不是在警示烟民吸烟危害健康

精巧的小铜斧，老板自豪地介绍他设计的铜匙扣。

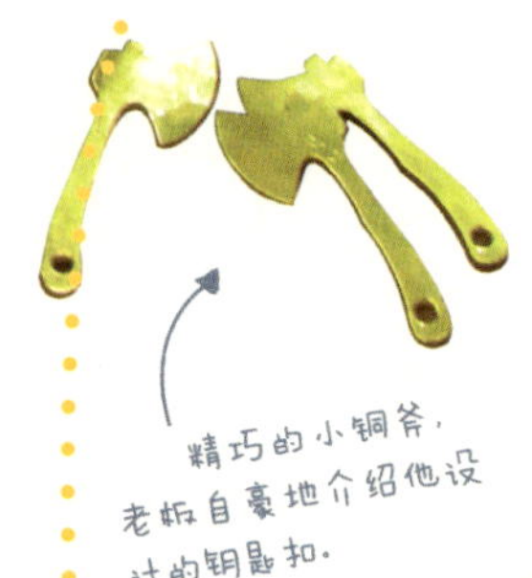

在绵长的骑楼下走着，隐约可听见叮叮当当的打铜声。一位铜匠阿叔蹲坐在店门口的小板凳上，手拿扁锤，把铜片放在木桩上重复敲打，路人都被面前日渐式微的手工技艺吸引进店。

跨入半敞开的铁栅栏，一股铜腥味扑面而来：地上、架子上、天花板上，吊满了各式各样的铜煲、铜盆、铜壶……在白炽灯的映照下，只有2平方米的铺面显得金光四射。铜匠阿叔笑着说：“这些铜器皿中，有老师傅亲手打造的，也有机器冲压的。你能分得清吗？”

原来，广州铜器使用有很长历史了，直到清末民初，广州铜器制造业达到鼎盛时期，打铜师傅这个行当一度非常吃香。

当时，人们都很喜欢这种传热快、耐用兼保值的铜碗、铜

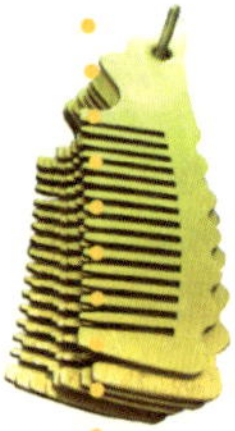

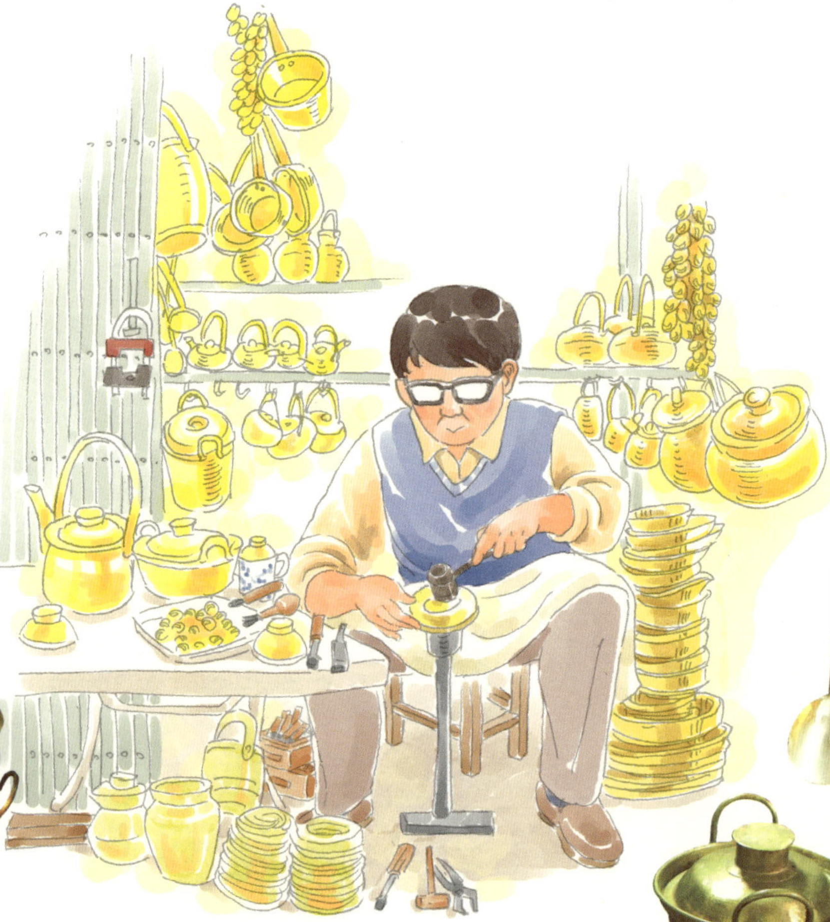

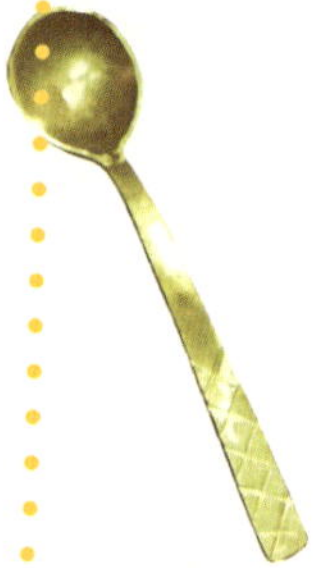

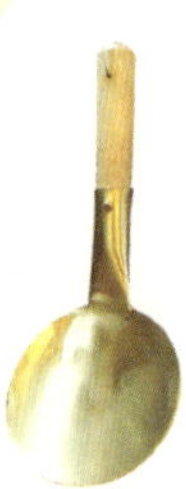

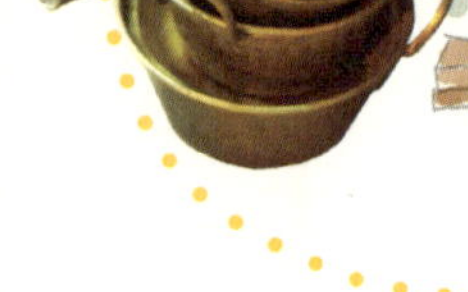

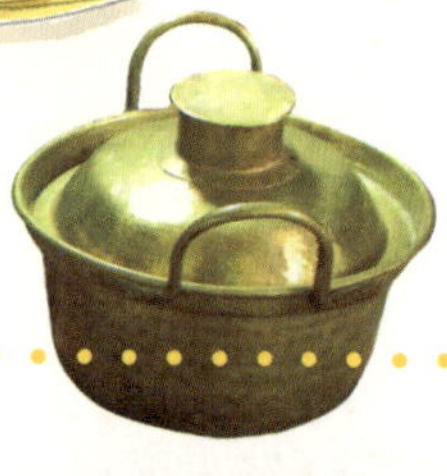

銅

冬天必备的"汤婆子"，旧时的暖水袋

每个铜器上都刻有制作者的名号

汤勺

咖啡勺

小钥匙扣

师傅为自己心爱的茶杯配的铜盖子，不怕摔

筷等铜具。西关的大户人家家里都有整套铜制的锅碗瓢盆"镇宅"，小康人家也都有几件铜器傍身。

那时对于一个家庭而言，铜是弥足珍贵的。加上铜质的经久耐用，于是不少铜制器皿都变成了传家宝。一个铜制"汤婆子"，一个铜盆，一个铜的梳妆盒……从外婆的手中传给母亲，再由母亲交给女儿，代代延续，承载着家族的记忆。

今天，走近西关所剩无几的铜器铺，看看这些昔日的镇宅之宝，传承之物，再看我们今天的用品器具，日新月异，人们已经不把铜当宝贝了，打铜师傅不再吃香，打铜手艺也成了文化遗产。

鸿新城

城西風物

那些充满点滴回忆的旧物，中西结合的老建筑和那诱人的风味小吃，编织出城西浓郁的粤式风情和人文气息。

中西合璧的小阳台

怀旧的老照片静静地放在玻璃柜里

鸡公榄，有辣有唔辣，一蚊一包

充满了西关味道的满洲窗与趟栊门

南信的双皮奶很出名，有机会要去试试

蛋黄酥、皮蛋酥、椰黄酥

粵劇藝術博物館

清末民初，西关一带聚集了不少粤剧老倌定居，更有粤剧行会组织“八和会馆”也在此建立，让这区充满着浓郁的粤剧文化氛围。作为粤剧之乡的西关恩宁路，有着一座粤剧艺术博物馆在此落户。这是一座被古典岭南园林包围着的博物馆，草木掩映，山石廊坊，亭台楼阁，一如进入了清代某位士大夫的宅邸。

琼花堂前，是最美
的留影区，可以拍到池
鱼和对面的戏台

旧时候，粤剧戏班还只是民间组织，没有固定的演出地点，演员们需要不停地四处奔走巡演。因此，为了方便携带，他们会把随身的戏服道具分门别类地存放在十几个衣箱里。

著名的《玉皇登殿》是古老的粤剧开台例戏。粤剧艺术家们通过丰富的想象力，演绎了各路天神向玉皇大帝朝参的热闹场面

各式各样的粤剧“行头”兵器

永慶坊
YONG · QING · FANG
Beauty
网红店
冬瓜剧场
PINKY SH
永慶坊
YONG · QING · FANG

粤剧博物馆的邻居——永庆坊，原名永庆大街，经过旧城改造后蜕变成了广州小有名气的创意街区。这里既保留了老西关的传统建筑风格，又注入了许多流行的“打卡点”，浓浓的文艺气息令人流连忘返。

上下九，其实是一条上九路和一条下九路的合称，它连接恩宁路的骑楼街，但与恩宁路截然不同的是，这里不论古今都是广州城最旺的地头。挂满霓虹灯的骑楼、古色古香的街道布置，让这里充满浓郁的老城气息。

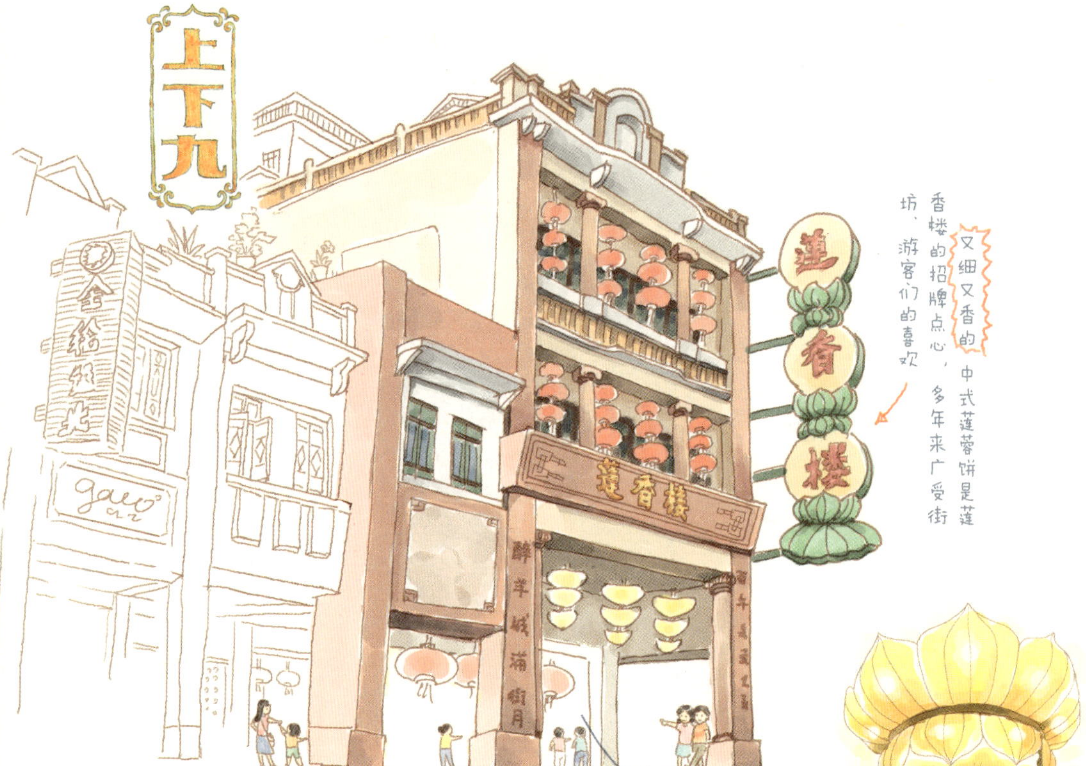
上下九
莲香楼
蓮香樓
又细又香的中式莲蓉饼是莲香楼的招牌点心，多年来广受街坊、游客们的喜欢
莲香楼的装饰以“莲”为主题，尤其是大门口高挂的华丽丽的巨型莲花水晶灯，更是让人印象深刻

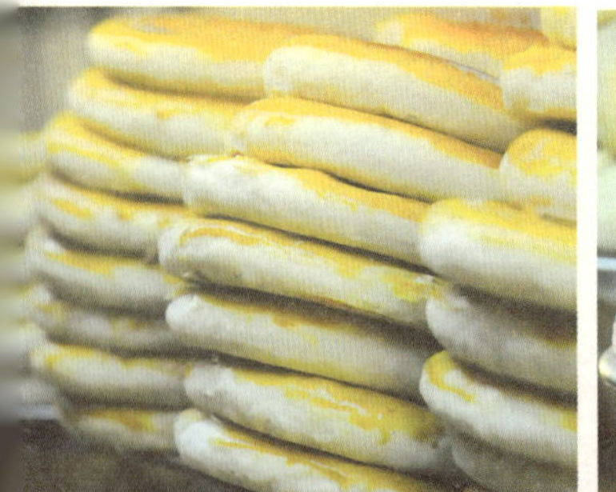

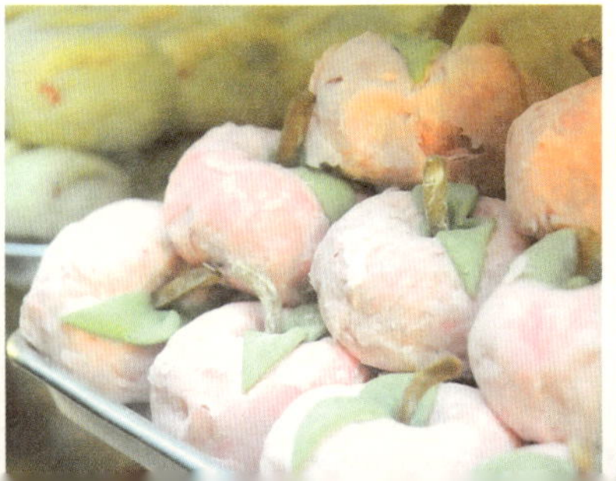

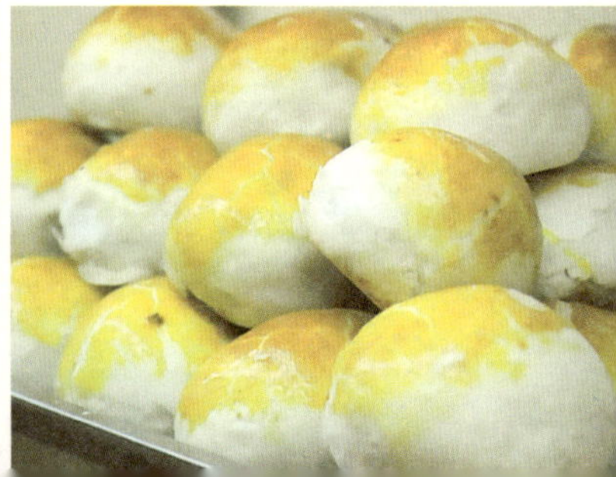

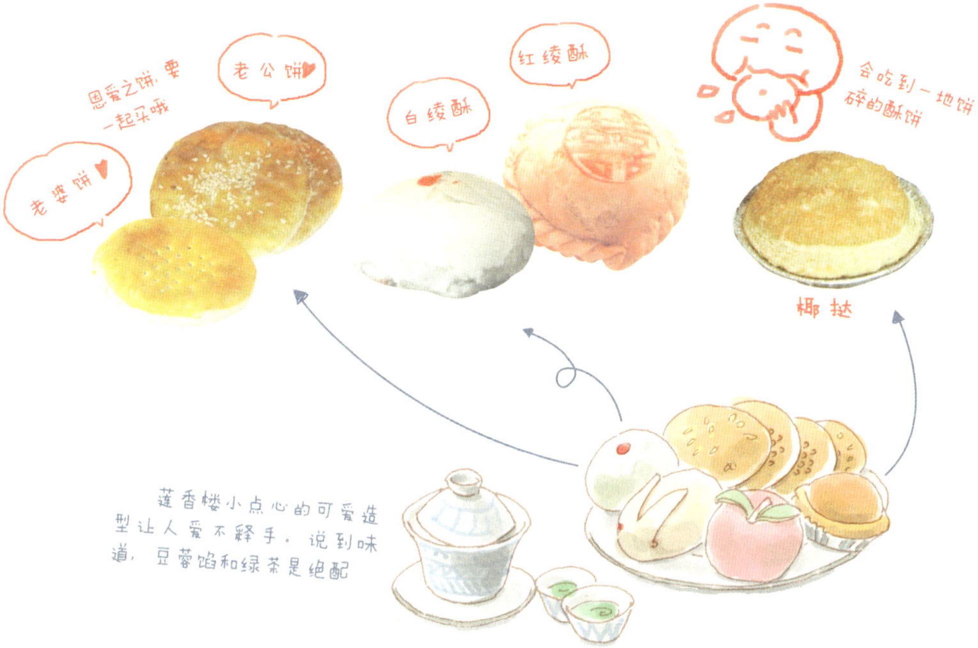
恩爱之饼，要
一起买哦
老公饼
老婆饼
白绫酥
红绫酥
会吃到一地饼
碎的酥饼
椰挞
莲香楼小点心的可爱造
型让人爱不释手，说到味
道，豆蓉馅和绿茶是绝配

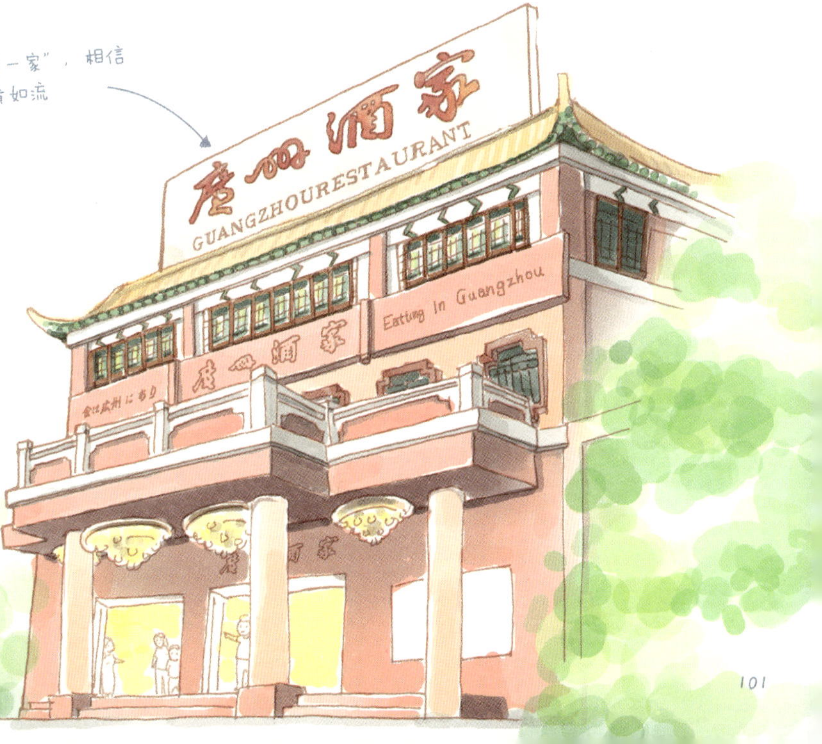
“食在广州第一家”，相信
每个广州人都倒背如流
广州酒家
GUANGZHOURESTAURANT
Eating In Guangzhou
食は広州にあり

上下九最神气的是，广州百年老字号都云集于此。像做莲蓉点心出名的莲香楼，做粤菜出名的广州酒家，做广式腊味出名的皇上皇，做茶楼出名的陶陶居……它们经过岁月洗礼，已成为广州的金漆招牌。

陶陶居，据说最初名字叫“葡萄居”，易主后才被改字号为“陶陶居”，寓意来此品茗“乐也陶陶”，既风雅别致，又与原招牌字音相近，可以招徕旧客。

陶陶居的名气大，还和一个传说有关。相传1891年，康有为上书不达，返回广州万木草堂讲学，闲时常到陶陶居品茗。当时的老板慕其名气，请他书写招牌，康有为欣然命笔，写下“陶陶居”三个大字。后因维新变法失败，康逃亡日本，老板害怕被连累，遂命人把康的落款去掉。所以至今也未能证明那三个金漆大字是否出自康有为之手。不过真相如何，似乎已经并不重要，对于老广们来说，出品够正宗才是关键！

皇上皇腊味
皇上皇
腊
味
礼
盒
皇上皇的楼顶放置着皇冠logo的金漆招牌，似乎连楼顶也设计成“皇冠”的样式
皇上皇，这个品牌的出品如它名字一样，够有地位的
腊五件
¥26.8
『秋风起，食腊味。』
腊鸭肶
¥18.6
腊鸭翼
¥13.8
广州人是腊味的忠实拥趸，所以腊味的品种多到数不清
腊鸭头
¥5.00
腊五件
¥26.80

玉器街位于上下九路的横街老巷中。这条街巷满足着广州人对玉的情结。漫步于其中，欣赏着琳琅满目的玉器精品，看着街坊们挑选心爱的手镯时讨价还价，别有一番味道。

“西来初地”是印度僧人菩提达摩东渡来传教最初登岸的地方。达摩被奉为中国禅宗的初祖，来到广州后建起了西来庵，也就是现在的华林寺。由于华林寺没有大雄宝殿，所以五百罗汉堂就成了主殿，在达摩堂建成之前，它是寺中唯一的殿堂。

如今华林寺虽地处繁华市区，却闹中取静。寺山门两侧各放两只石狮子和两只石鼓。山门石额上镌刻着“华林禅寺”四个字，两侧石柱刻有一副对联“华严世界观十万诸佛，林茏鹫山隐五百应真”。

白石舍利塔

达摩殿前的盘龙柱

闹市中小巷转角可见灵性之地

古朴的莲花石柱

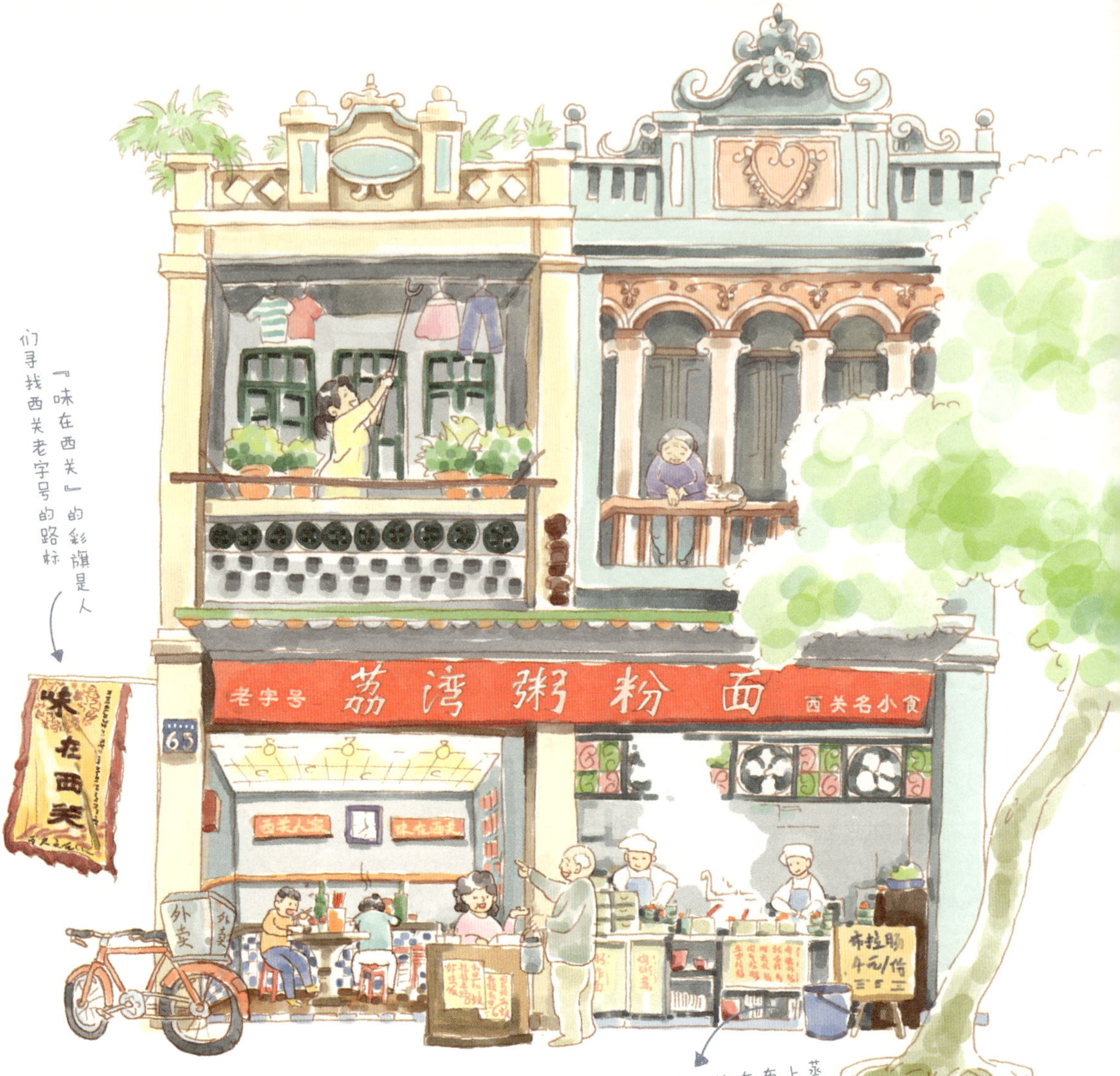

『味在西关』的彩旗是人们寻找西关老字号的路标

住在广州最幸福的事，就是无论走到哪里，总有食店在附近。广州人出了名爱吃，越是地道美味的小吃，越要穿街过巷，往人群最多的地方挤。很多铺子店面虽简陋，出品却广味十足。

肠粉是广州极具代表的地道美食，而其中最出名的必定是布拉肠。

把米浆和肉菜馅料放在布上蒸煮，再拉出湿润滑溜的薄透粉皮，最后浇上一勺特别炼制的甜味豉油，一份快捷美味的广式早餐就出炉了。

地道好味的本地小吃，大多隐藏在大街小巷。宝华面店的云吞面、顺记冰室的椰子雪糕、潮宝鱼蛋粉面、南信双皮奶、陶陶居的奶挞、银记的豉油皇牛肉肠……想想都流口水。

伍湛记及第粥

混酱猪肠粉，越"混酱"（广州音同"混账"）越好味

陈添记鱼皮

濑粉上面放了辣的干萝卜或咸菜粒

合兴小食店濑粉皇

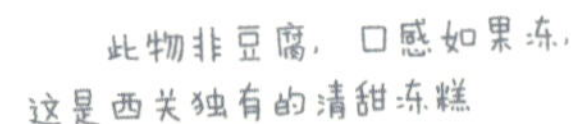

凌记冻糕

里面放了一种叫『臭草』的香料

开记陈皮香草绿豆沙

宝华面店云吞面

随着小贩手上剪刀的『喳喳』声，一串串和味牛杂伴着金黄的萝卜出锅。一口咬下去，萝卜的汁水满口留香。牛杂焖得烂烂的，入口柔软绵延，余香绕舌

注意这个勺子啊！里面配了一勺蚝油，面要自己捞

特制酸辣椒圈圈，酸酸辣辣很醒胃

得得面店虾子捞面

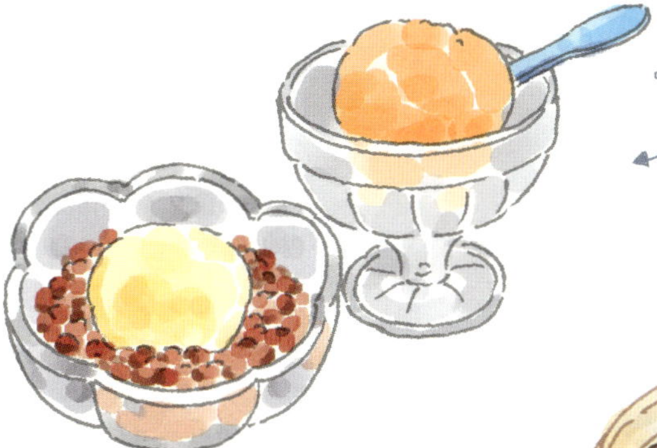

顺记芒果雪糕

雪糕有很香的芒果味，再细细咀嚼，会吃出碎碎的新鲜芒果肉粒

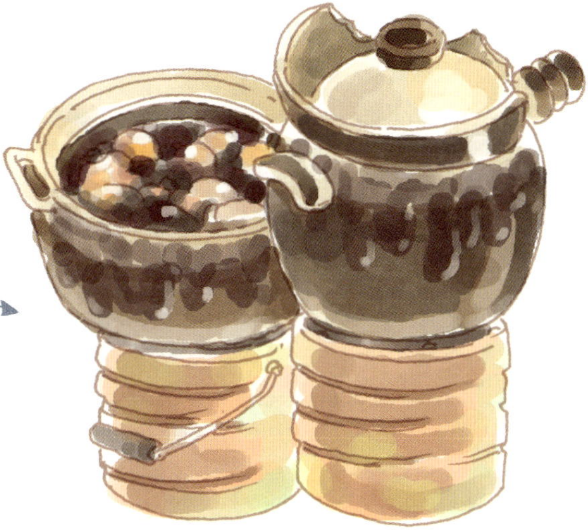

猪脚姜，内有鸡蛋、猪脚、姜醋，广东女子坐月子的补品，但好吃到连男士也抵不住诱惑

小资讯

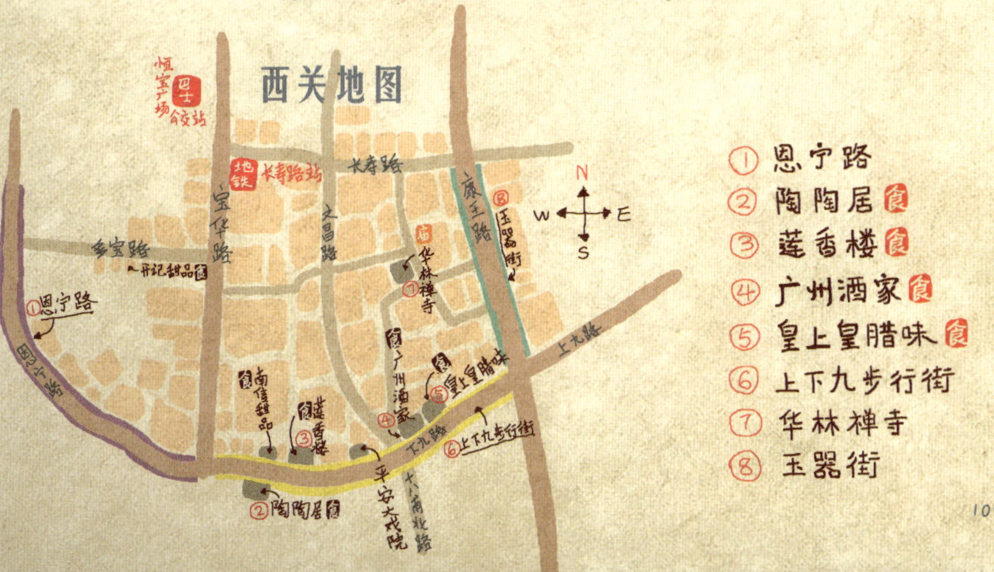

西关地图
恒宝广场
巴士
公交站
地铁
长寿路站
长寿路
宝华路
文昌路
多宝路
开记甜品食
康王路
庙
⑧玉器街
N
W
E
S
华林禅寺⑦
①恩宁路
恩宁路
上九路
食广州酒家
食
⑤皇上皇腊味
食南信甜品
食莲香楼③
④
下九路
⑥上下九步行街
②陶陶居食
平安大戏院
十八甫北路
①恩宁路
②陶陶居食
③莲香楼食
④广州酒家食
⑤皇上皇腊味食
⑥上下九步行街
⑦华林禅寺
⑧玉器街

正宗老广味

荔枝湾

荔枝湾犹如一条历史的玉带，把最正宗的老广情怀串联到了一起。荔枝湾涌流水潺潺，沿涌骑楼风景别样好；西关大屋宽敞明亮，处处谨遵粤式美学；陈家祠富丽堂皇，展露一代工匠精神。来广州，这里非去不可。

BUS
荔枝灣

荔枝湾

水上长满了菖蒲花，乘着小船看水中花，河涌的风迎面而来，混着淡淡的水草香味

广州当年的老城星罗棋布着长短不一的河涌，很有威尼斯的水城味道。众多河涌当中，荔枝湾涌最负盛名，还曾一度被美名曰“小秦淮”。

今日流连在绿水两岸，虽看不见昔日火红的荔枝，但川流不息的游艇，仍带着几分当年水上人家的影子。艇仔粥、咸水角，就是他们留给这里最美好的回忆。

荔枝湾早上清爽宜人，夜晚灯火迷人。两岸的小吃店热卖马蹄糕、咸酸和艇仔粥，让原本就不宽的河岸几度人流缓慢。

在荔枝湾边的园林餐厅一边吃着粤菜，一边欣赏岭南园林美景，心情好舒畅

来到荔枝湾，不得不提一味“架势”（厉害）的粤菜——泮塘五秀。泮塘风景秀丽，盛产莲藕、慈姑、马蹄、茭笋、菱角。西关人家喜欢用这些水生食材混搭成夏日爽口菜式。

可惜的是，今天“五秀”的种植越来越少，即使是近在荔枝湾旁的泮溪酒家，“泮塘五秀”都已是改良版的了。

广东人不仅热爱美食，还讲究“吃”环境。在身临其景的粤式园林景观里，三两好友聚在一起饮杯茶，可谓视觉与味觉的双重享受。

在荔枝湾，除了有小桥流水的美景相伴，还有最别致的园林酒家。位于荔枝湾畔的泮溪酒家就像是荔枝湾的诗意延伸，这里廊桥遍布、假山林立、鱼水交融、荷风莲韵……处处都闪耀着令人迷醉的岭南风情。

西關大屋

铺满青石板的窄巷中，隐藏着居住过几代家族的组合式大屋。那趟栊门、满洲花窗和水磨青砖石墙的沧桑，都见证着当年大户人家曾经的辉煌。

位于逢源北街的荔湾博物馆原是一座气派的西关大屋，参观博物馆的同时也走进了岭南旧时光。

西关大屋的『三件头』趟栊门既通风，又防盗，人们即使在夜晚也可中门大开，凉爽又安全

趟栊门前设有矮脚吊扇门，即使趟栊门大开也能遮挡外人内窥的目光

+

硬木柱子打造的趟栊，比现代的防盗门要结实得多

+

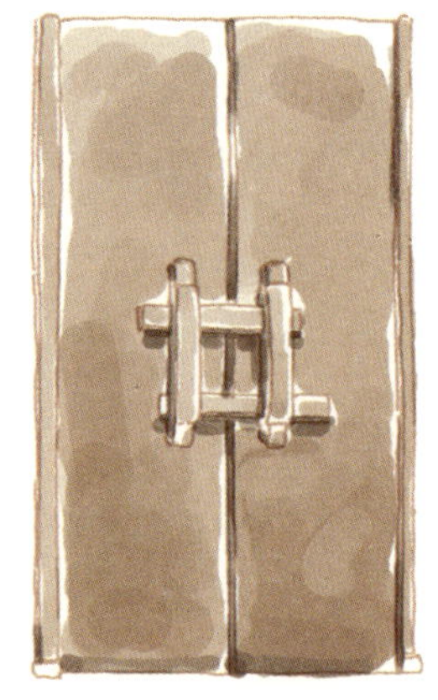

用坤甸木制作而成的大门，是当时小康家庭的象征呢

西关大屋最惹人喜爱的就是五光十色的满洲窗。小小一扇窗，工序复杂繁琐，据说要15人连续工作10天才能完成。可惜的是，这种传统工艺今天已经失传了。

在以青灰色为主调的西关大屋中，满洲窗就像一朵奇葩。每当阳光穿透而入，艳丽的花影就在屋内尽情绽放。

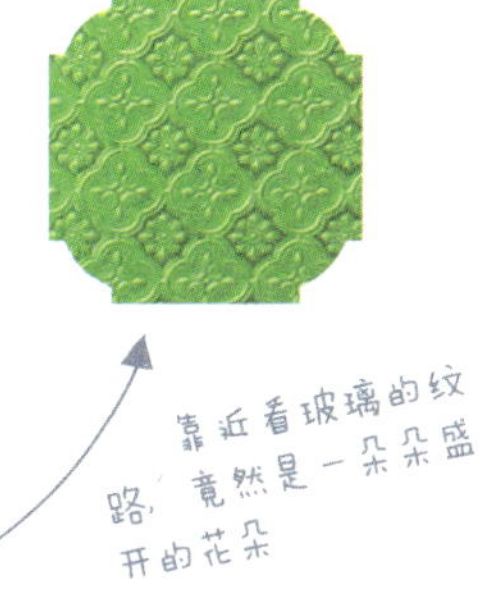

靠近看玻璃的纹路，竟然是一朵朵盛开的花朵

半圆形的蝴蝶彩绘玻璃窗，很洋气的感觉

当年西关为豪门富商聚居之地，故此留下了一栋栋婉转玲珑的西关大屋。

西关大屋的工匠或许是利用空间的大师。每一间房都小巧而别致。转角的小楼梯、布置在空中的神台、天井的迷你花园，处处都透露着粤人的秀气。大屋巧致实用，集各种民间工艺之精华。细心欣赏内里的布置，便可以切身感受到主人的细腻心思。

穿越门厅，经过青云巷到后园，每一个角落都淡雅如画。

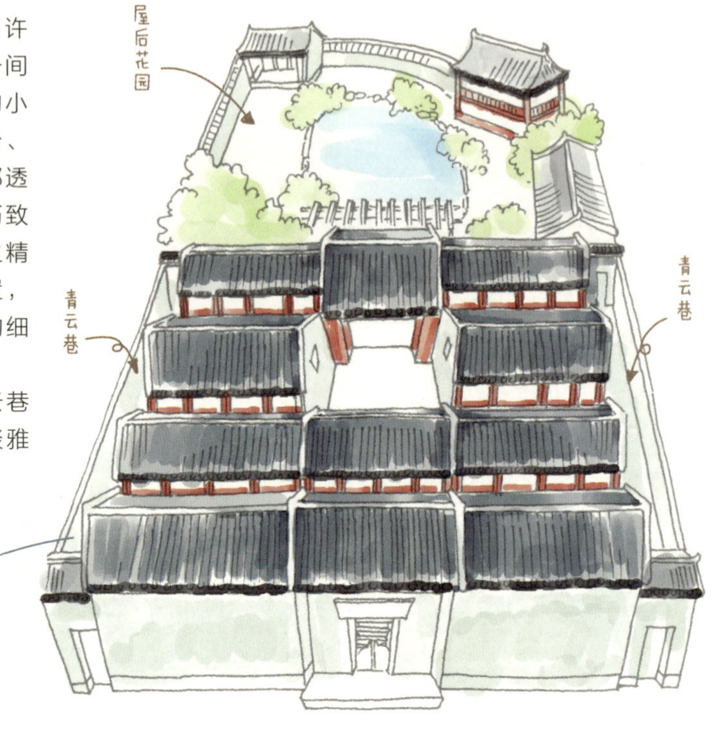

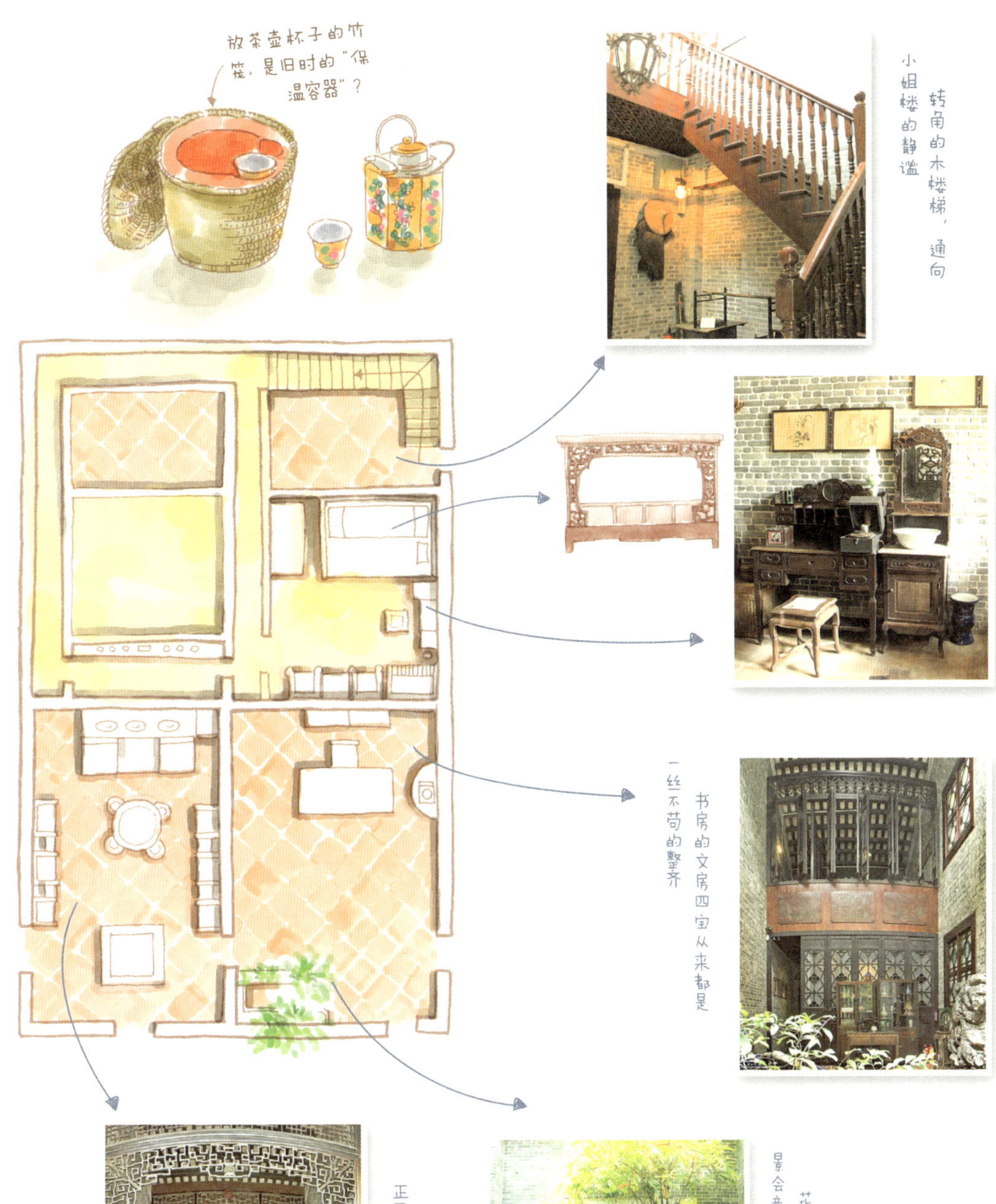

转角的木楼梯，通向小姐楼的静谧

书房的文房四宝从来都是一丝不苟的整齐

正厅是西关大屋的神厅

花园的一副对联，写景会意沁人心

正厅的屋顶全屋最高，精致的镂雕花罩又增加了深远感，整个房间从地理位置到视角感受，无不强调它是大屋的中心。神台设在阁楼的正中央，高高在上，是中心的中心。屋内摆设的字画、对联和酸枝木家具，透露着主人家的品位。

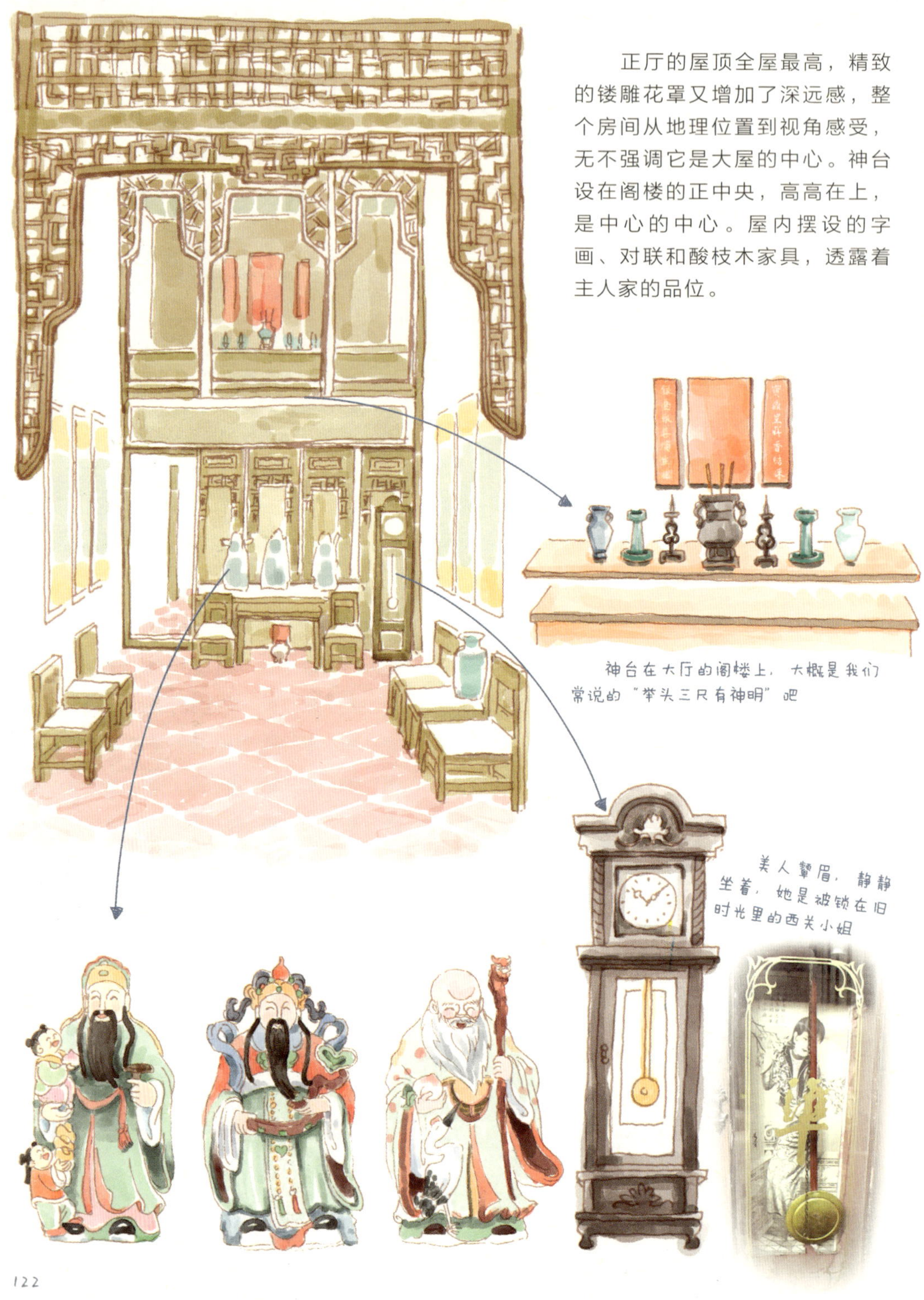

神台在大厅的阁楼上，大概是我们常说的"举头三尺有神明"吧

美人颦眉，静静坐着，她是被锁在旧时光里的西关小姐

初夏午后，是谁在西关小楼弹奏西洋琴？阳光透过满洲窗斑斓地照射卧房，她午睡初醒，洒上淡香花露水，换上一身浅蓝碎花白色滚边的长旗袍。推开窗，天井一片翠绿，水池里锦鲤自在悠游，小姐微微一笑，留洋的少爷今天要返归了，要准备煲好一锅靓汤……

趟栊、青云巷、倒朝房、天井、少爷房、小姐楼……庭院深深，商贾云集，蕴藏着老广州深深的回忆，承载着名门望族、官僚巨贾绮丽的富贵幻梦。人间浮华，时光荏苒，一世纪的光阴，消磨了美丽的西关小姐，只有那些青砖墙、麻石路还依然雍容地守护着老房子。

绿叶摇风诗宛转，红花经雨画玲珑

陈家祠又叫陈氏书院，广州人对它的大名可谓熟到烂。每次谈到岭南文化，总要把它搬出来，皆因它是广东现存规模最大、保存最完好的祠堂，代表着广东工匠技艺的巅峰水平。

从广场望去，陈家祠强大的气场逼人而来，无论是4米高的彩绘门神还是色彩斑斓的脊饰，都毫不客气地冲击着人们的视觉神经。

陈家祠坐北朝南，主体建筑面宽和纵深均为80米，平面是个正方形。前正厅、聚贤堂、后正厅构成中轴线，是“前门、中堂、后寝”的布局。整体建筑外面建有青砖围墙，形成一座外封闭内开放的建筑群体，是经典的广东民间宗祠式建筑。

安放陈氏祖先牌位的地方，上面刻着一些标记，细看原来是千字文，长见识了

后西厅
后正厅
后东厅
西厢
东厢
中西厅
聚贤堂
中东厅
月台
前西厅
前正厅
前东厅
正门

陈家祠的青云巷特别宽，连接一整个陈家祠，用来乘凉休息不错

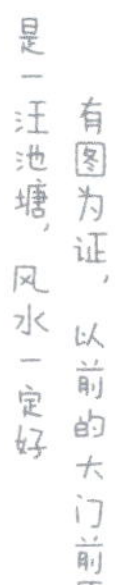

有图为证，以前的大门前原是一汪池塘，风水一定好

和传统的书院相比，陈氏书院并不教书授徒。称之为书院是因为，在乾隆年间，广东官府担心各地族人聚集广州建造合族宗祠，会聚众闹事或与官府抗衡，于是规定广州城内严禁建造祠堂。所以，广州很多祠堂都打着书院的旗号来兴建，而陈氏书院就是其中的代表。

屋顶是陈家祠最出彩的地方，因为布满了大名鼎鼎的石湾脊饰。许多脊饰组合的背后，都有一段典故。瑶池贺寿、八仙过海、太白祝酒、苏武牧羊……至于瑞兽和吉祥物，个个都眼熟，一片热闹非凡的景象。

一脸神气的小人摆出有型的"V"字手势，潮到爆
小人据说是大名鼎鼎的张果老，但不知他老人家为何不骑驴了
隆重介绍这个可爱的鳌鱼——龙的九儿子，它守护在陈家祠大门的屋顶上，最上镜了
两根长须高高翘起，气势不凡（不是避雷针吧？）
光緒
歲次
辛卯
群仙祝壽

当年许多著名的工艺老字号共同合力打造这震古烁今的伟大建筑。“刘德昌”、“文如璧”、“宝玉荣”这些老字号的名牌文字隐藏在陈家祠绚丽的屋脊装饰上。只有那“光绪辛卯”的字样见证着古老艺术品的出生年代。

脊饰多以故事情节为场景，其中各种生动的人物、亭台楼阁、动物花鸟、瓜果树木巧妙地布置为一幕幕精彩的古装剧场。不过这剧场设在需要抬头观赏的屋顶高处，却害得游人们“颈梗膊痛”。

传统石栏扶手一般都是小狮子做装饰，还真没见过做成一碟碟水果样式的，大概是应了“食在广州”这句话吧

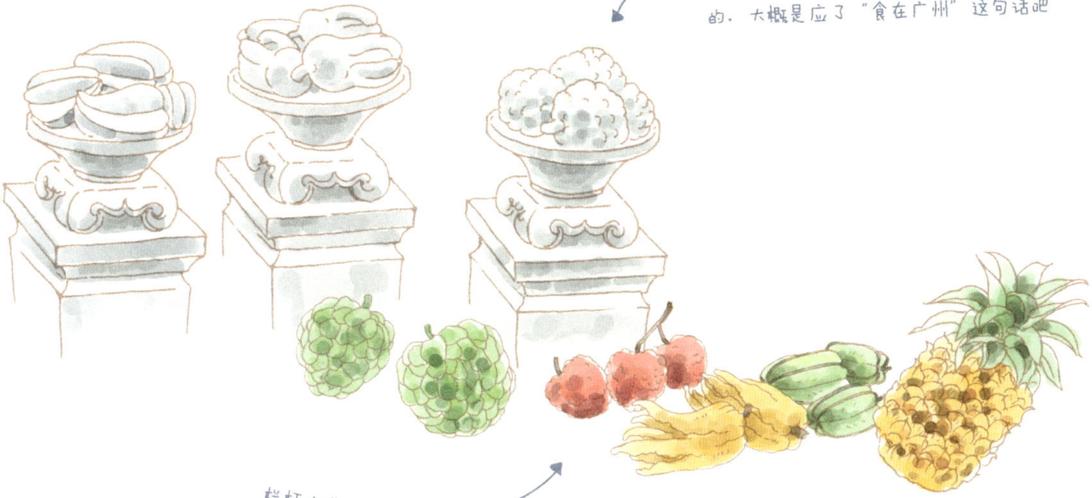

栏杆的造型全是来自一些岭南佳果

荔枝湾地图

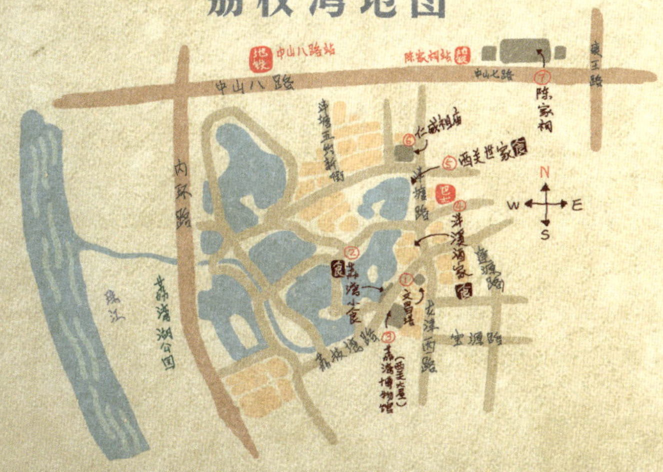

1. 文昌塔
2. 荔湾小食 食
3. 荔湾博物馆（西关大屋）
4. 洋溪酒家 食
5. 西关世家 食
6. 仁威祖庙
7. 陈家祠

小岛的隐秘时光

这里曾经很神秘，藏着一座小小的“欧洲城”！经典的西方建筑覆盖了整个小岛，邮局、银行、学校、大使馆、教堂……处处都流露着异国的生活气息，每个角落都是精雕细琢的艺术风情。在这里记录的每一帧每一秒，都值得细细品味。

沙面大街
SHAMIAN DAJIE
绿道
GREEN WAY

沙面

沙面岛是个饱含故事的地方。这里曾经是英法租界，是东方国度中的异域。如今它还保留着原有的一角风貌。无论是风格各异的西式建筑，赏心悦目的欧陆庭院，还是擦肩而过的外国友人，都不禁让人产生身在欧洲小岛的错觉。

通向沙面岛的小桥，连接着繁喧的商业老城和幽雅的小岛

大理石堆砌的盆式小喷泉，是庭院的点睛之笔

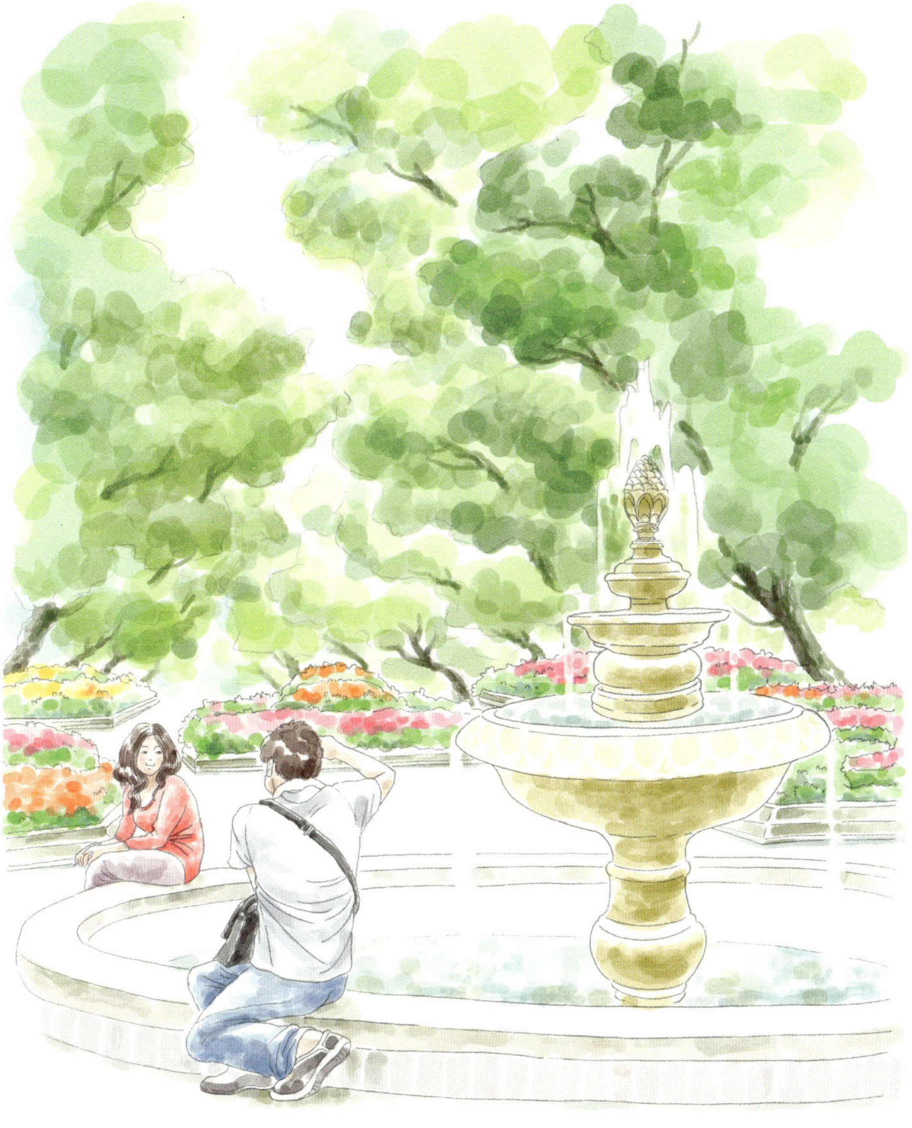

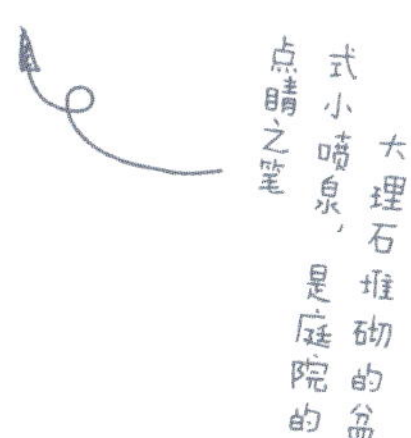

岛上的车辆和行人不多，树占领了这里的大部分空间。感受着周围不紧不慢的生活节奏，行人也不由地放缓了脚步。

虽然沙面一直以建筑著称，但若缺了岛中央的街心公园，便失色不少。这片庭院布局对称均匀，两旁古树成荫，中轴线上设有几座欧式喷泉和形式各异的花坛，人行道上布置着小巧的桌椅、盆栽，一如欧洲园林般的气质。靠在椅子上，偶尔有阳光从叶缝中洒下，听着喷泉潺潺的流水声，吵闹的小鸟在树间飞扑，怎能不觉休闲浪漫？

岛内的欧式建筑，优美的绿化环境，随走随拍都是艺术之作

门口的小楼梯两边爬满了绿
油油的植物，不仅愉悦了主人，
也为路人带来了一份好心情
母子俩肤色不同，却情浓
老外们在花园里转
悠，婴儿车里是他们收养
的中国孩子

沙面大街54号的汇丰银行，厚重粗大的石材使外观显得粗犷浑朴，而小穹顶、圆窗等细节又精致典雅，真是一种混合美

稳固的三角顶石门

银行很喜欢使用这种结构的石门，粗壮结实的石柱，稳固的三角门顶都大大增强了客户对银行的安全感

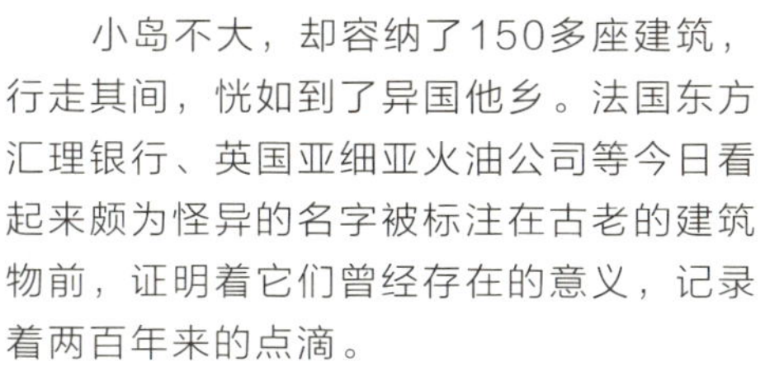

小岛不大，却容纳了150多座建筑，行走其间，恍如到了异国他乡。法国东方汇理银行、英国亚细亚火油公司等今日看起来颇为怪异的名字被标注在古老的建筑物前，证明着它们曾经存在的意义，记录着两百年来的点滴。

POSTE FRANCAISE
沙面南街12号法国邮局。"POSTE FRANCAISE"的招牌是严格根据当年的字体和颜色还原的哦
四个圆拱形的窗户

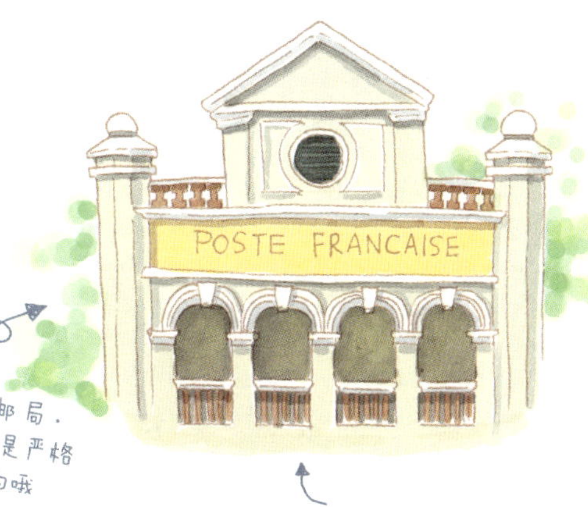

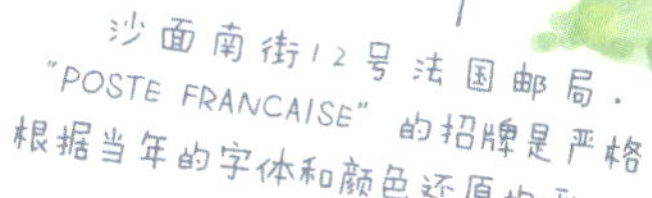

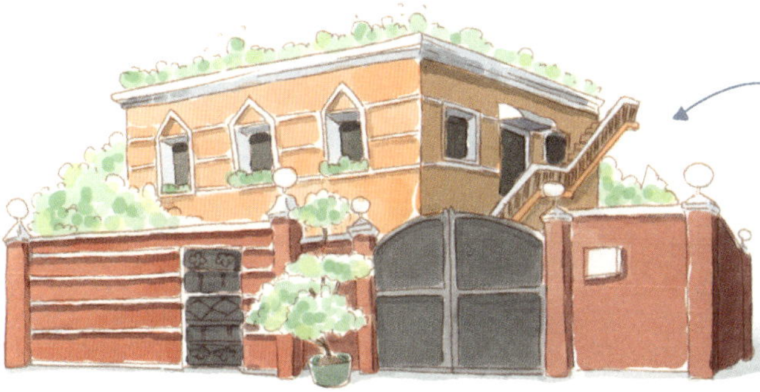

路边可爱的小楼设计了一条直通屋顶的室外楼梯。屋顶种满了花朵

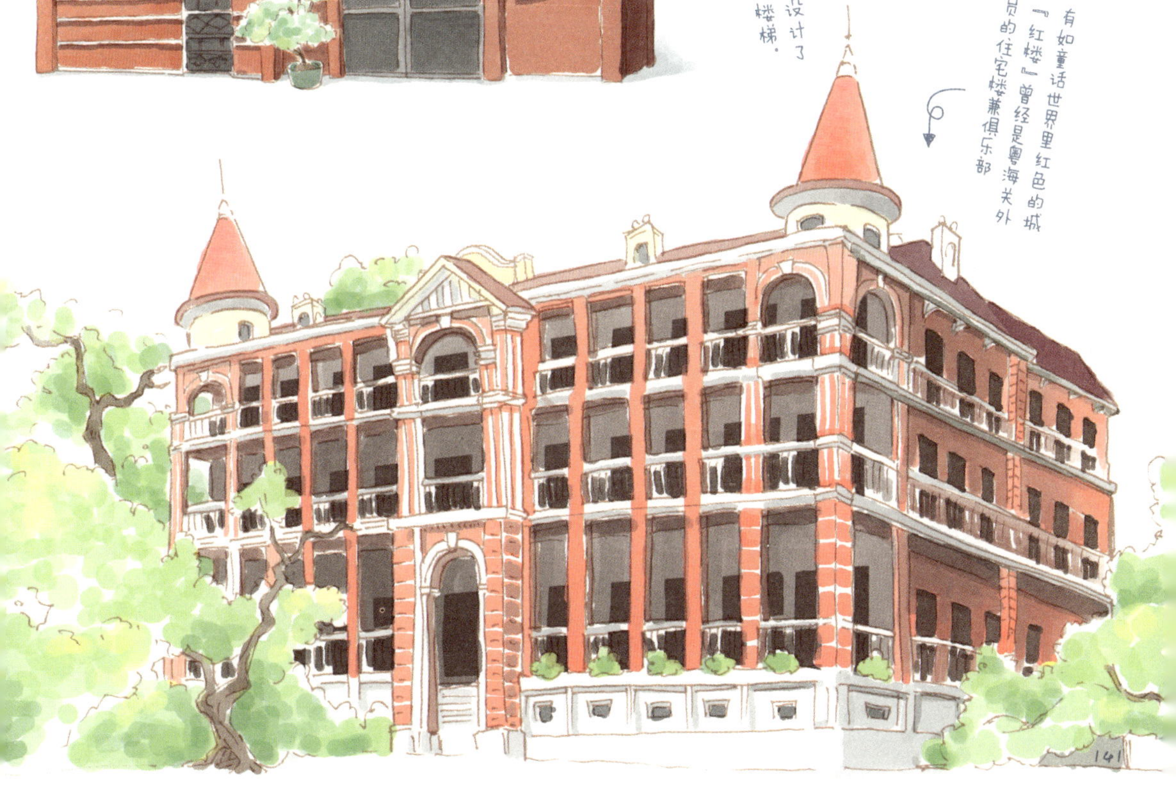

有如童话世界里红色的城堡，『红楼』曾经是粤海关外籍官员的住宅楼兼俱乐部

沙面岛是一个适合轻松晃悠的地方。从细微处看每一个角落，这里被一种不过时的老派气质渗透着。

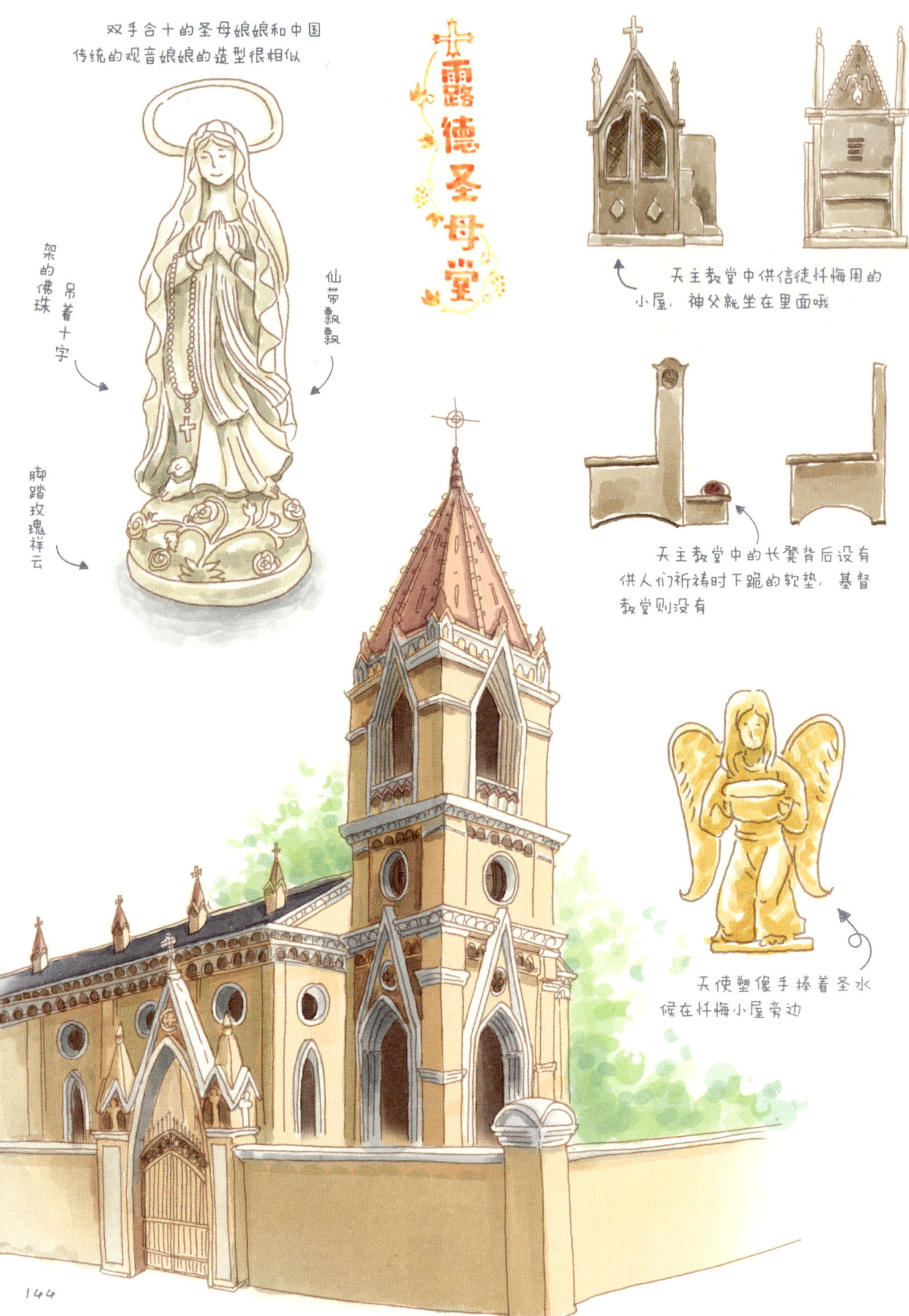
露德圣母堂
双手合十的圣母娘娘和中国传统的观音娘娘的造型很相似
架的佛珠 吊着十字
仙带飘飘
脚踏玫瑰祥云
天主教堂中供信徒忏悔用的小屋，神父就坐在里面哦
天主教堂中的长凳背后设有供人们祈祷时下跪的软垫，基督教堂则没有
天使塑像手捧着圣水候在忏悔小屋旁边

神圣的教堂渐渐成为新人拍摄美满婚纱照的一道浪漫背景。

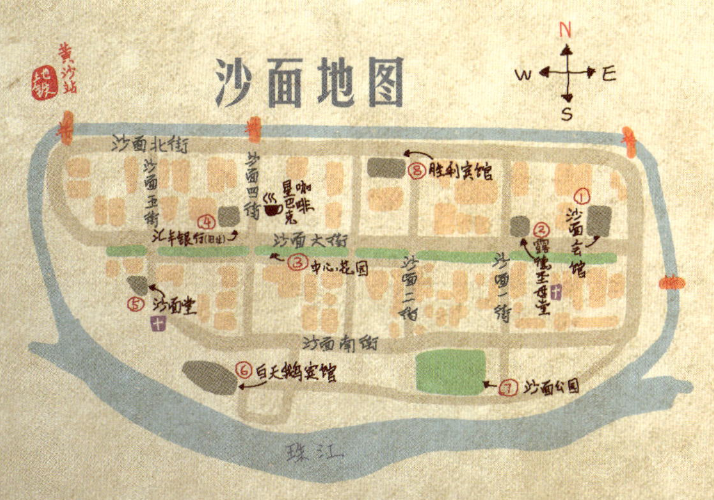

① 沙面会馆
② 露德圣母堂
③ 中心花园
④ 汇丰银行(旧址)
⑤ 沙面堂
⑥ 白天鹅宾馆
⑦ 沙面公园
⑧ 胜利宾馆

“固执”的老古董

珠江沿岸的西堤是广州人休闲散步的景点路线，一条条跨江而建的大桥承载着一段段城市记忆，沿岸的中西建筑也曾是广州高楼的“门面”。现如今繁华散去，静谧的阳光徐徐洒下，纪念那段辉煌的岁月。

沙面岛附近的沿江北岸（西堤），拥有着一份轻松悠闲的气氛。街坊们似乎早已把自己的生活融进了这条林荫大道。

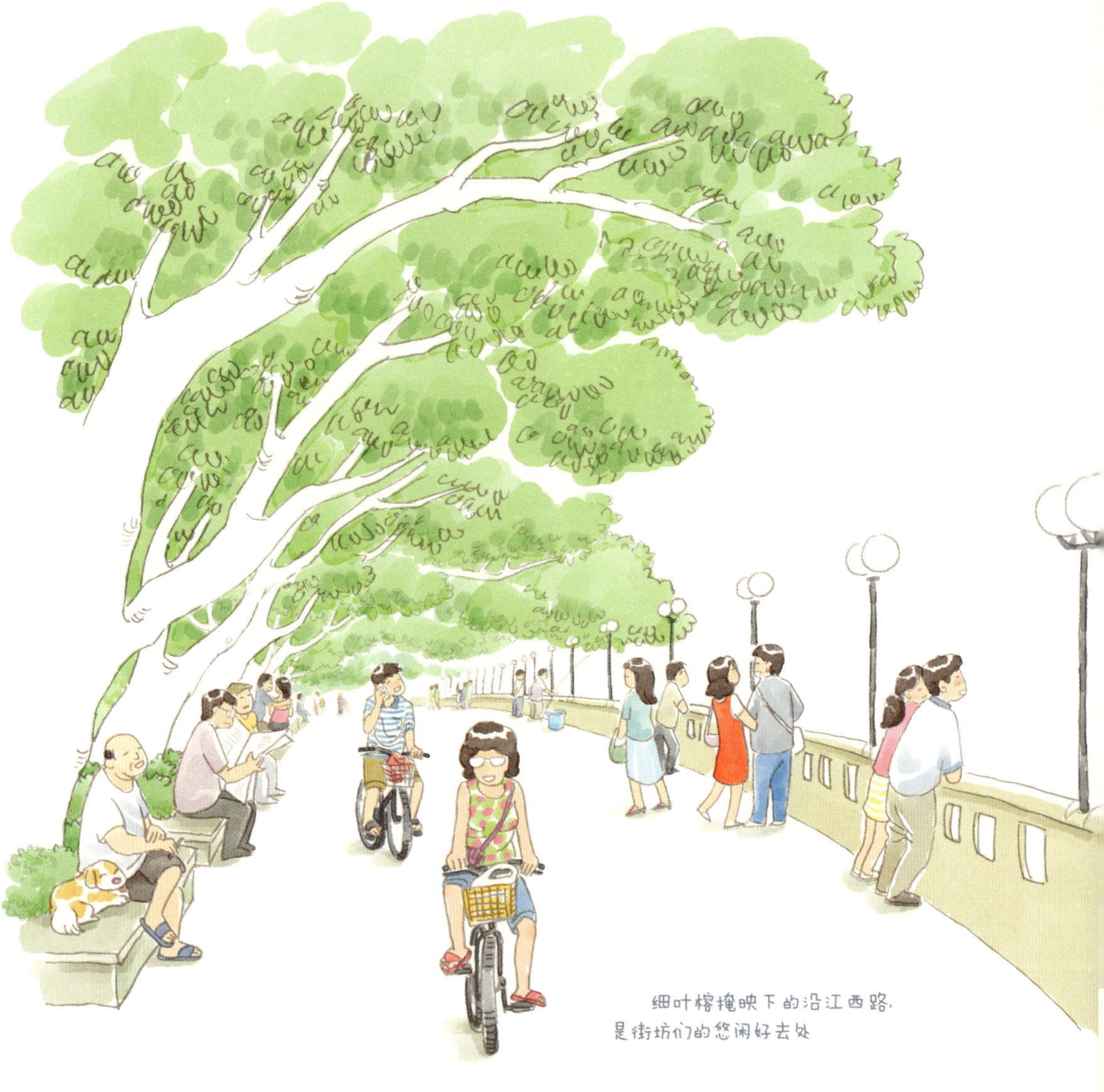

细叶榕掩映下的沿江西路，是街坊们的悠闲好去处

在沿江西路漫步，只为观赏两岸风景和寻觅一份怀旧的情怀。沿岸，老古董建筑群仍然保存完好，像是城市封存的记忆。

古时陆路不畅，水上航运成为广州重要的交通形式。西堤便是当时最繁荣的码头，连接它的，还有广州西城曾经密集的水道和十三行的辉煌。

今日的西堤码头更像一个悠闲驿站，游船从这里出发，乘载着寻找历史的游客们轻松欣赏两岸景色。

重新设立的西堤码头，在很远的地方便能看到

西堤码头 珠江日夜游

芳村码头—西堤码头—天字码头—中大码头

P.S：无论在哪个码头上船，都可以凭珠江日游船票游一圈回到上船的码头

来到沿江路的西堤，看两岸风景，听江水拍岸，都不及乘搭一趟水上巴士来得有趣。那些作为街坊们代步的水上巴士，还提供珠江日游。仅5元的票价（还送一瓶水），便可在西堤码头和中大码头间游个来回。船上还有空调雅座和露天顶层选择。在非节假日上船，会发现同船的人出乎意料的少，相对于热闹的珠江夜游，日游显得清静许多，喜欢安静的人们可以在这里专心享受扑面而来的江风水气，惬意非常。

一张票只要五元！

“白鸥5号”这个名字让人恍然原来“白鸥”系列还有至少5艘之多啊！

“白鸥”或许不是珠江游轮中最华丽的一艘，但却给人一种很亲切的感觉。或许是因为它还作为渡轮服务大众吧。“白鸥”系列为广州的街坊们解决了不少交通问题，毕竟从西堤到中大也只不过十几分钟，比在闹市中堵车强多了。

白色的船顶还不甘寂寞地布置了各种广告。

游人聚集在船顶的空间，享受着难得的清风与阳光。旁边的老广阿叔开始侃侃而谈他们对于老广州的回忆。

一路下来，珠江上的桥梁似乎在见证着城市的发展步伐。已有八十多年历史的海珠桥是广州市第一座跨江大桥，它让河北和河南终于告别了仅靠水路往来的落后时代。随后以海珠桥为中心，向东、西方各自延伸出一座又一座风格各异的桥梁。

老广们对爱群大厦有着深深的感情，它自1937年落成以来就成为这个城市的标志性建筑。据说爱群大厦是由中国首批留洋的建筑师们设计而成，是中国第一栋钢结构高层建筑，为当时的广州城赢得了许多荣誉。作为老广州，能在楼顶的旋转餐厅选个靠窗的位置，一边俯瞰珠江美景，一边品尝传统的虾饺烧卖，自然是惬意非常的事情。

广州人记忆中的“大钟楼”已不再是昔日的广州海关。如今这里已经成为海关博物馆（出于保护原因甚少开放）。沉重的砖墙、庄严的罗马柱，处处散发着粤海关大楼曾经的威严。

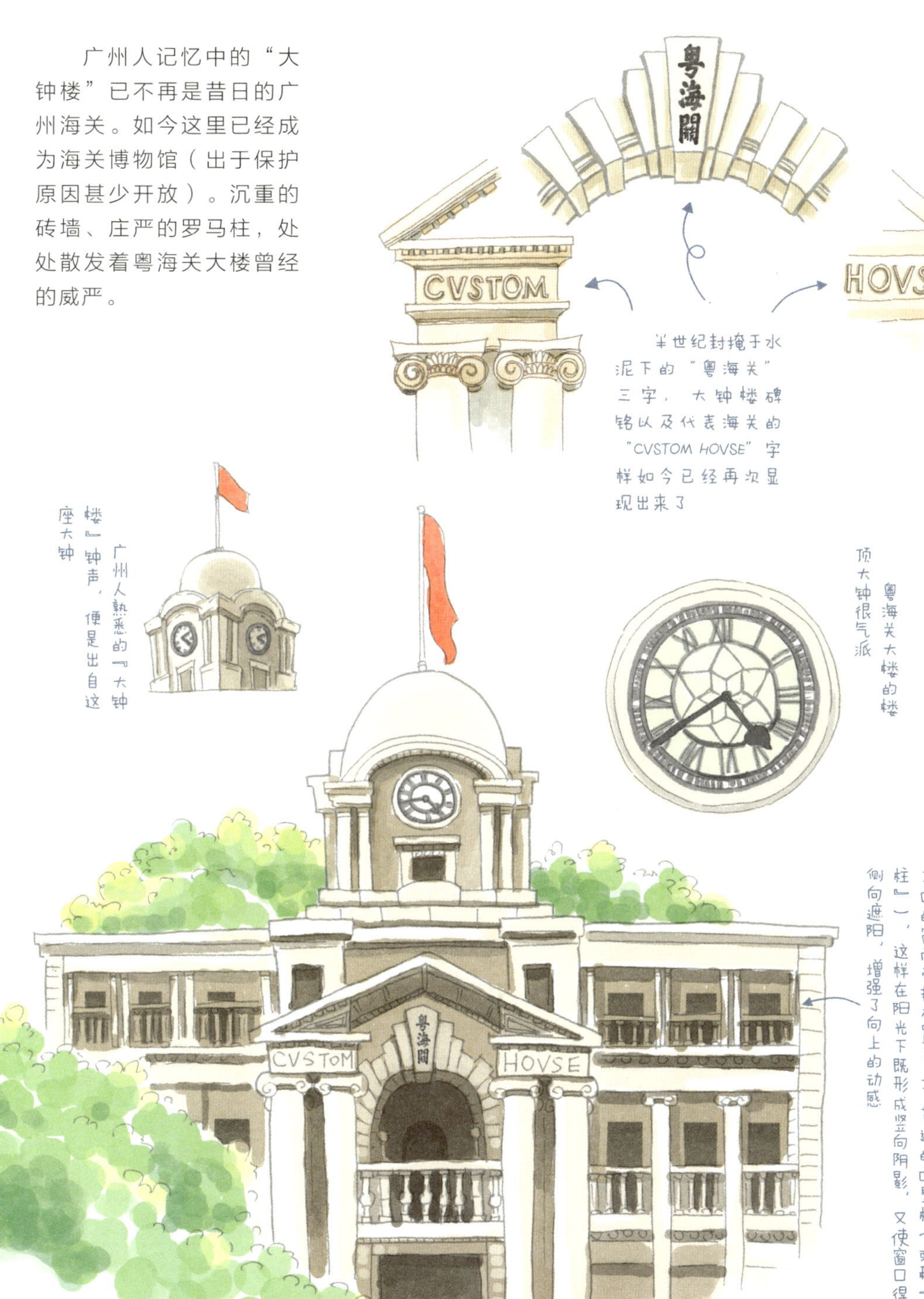

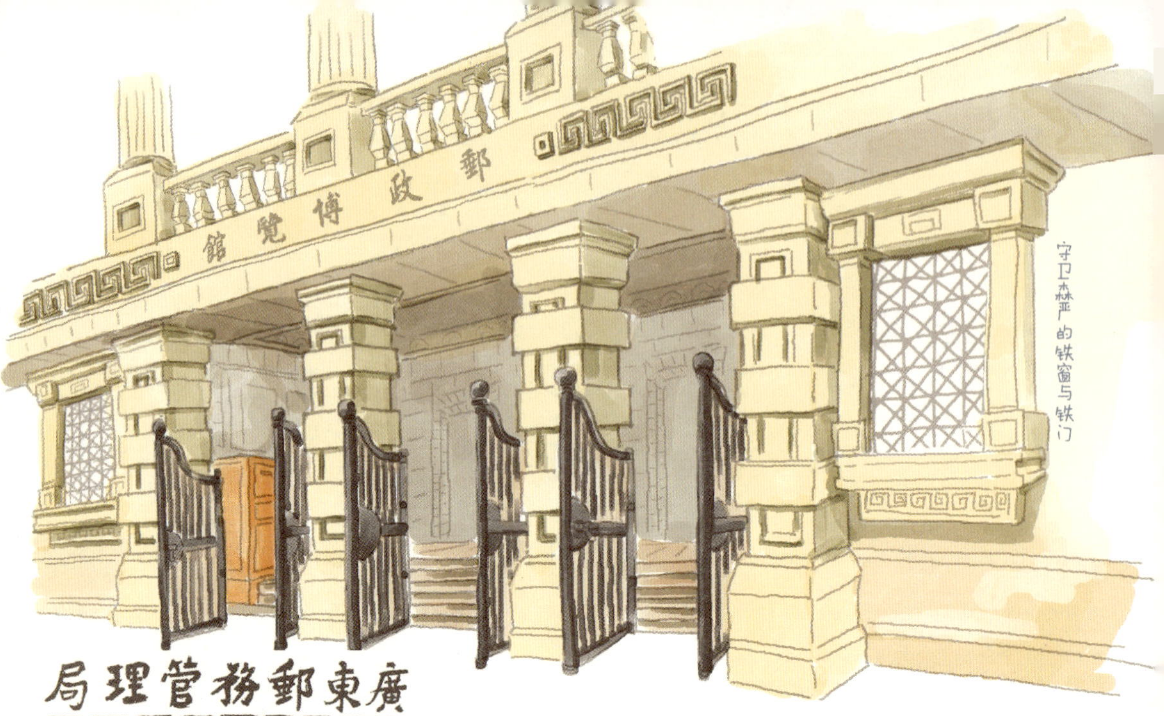
郵政博覽館
守卫森严的铁窗与铁门
廣東郵務管理局

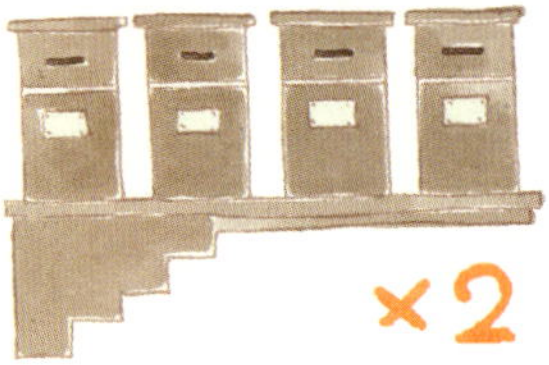
×2
沿江路老邮局的门口设有八个邮箱，分别提供八种不同款式的邮戳（一羊城八景）任君选择

广州邮政博览馆是沿江西路那一排老古董建筑之一。在这老邮局里，游客们不但可以使用一切邮政应有的服务，还可以参观位于楼上的邮政历史博览馆。在如今的数码邮件时代，还有多少人懂得手写书信的乐趣与意义呢？试着自己写封信吧！

旧时的邮差们送加急件时才舍得出动的宝贝摩托车

称邮件、包裹的专用设备

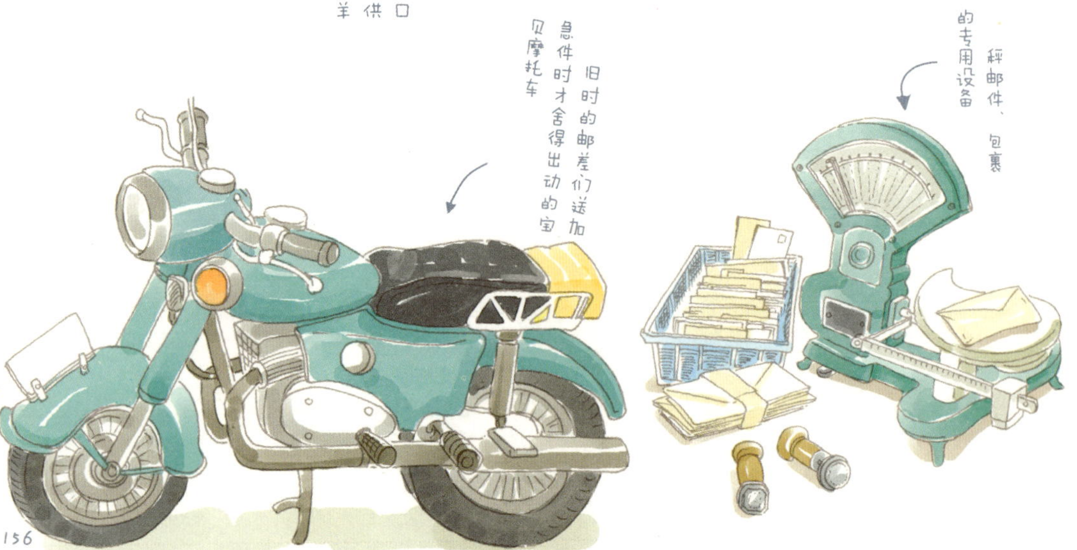

沿江路林荫大道往西的尽头处屹立着一栋奇怪的五层建筑，但凡初次经过此地的路人总不免想要探个究竟。原来这栋名为“塔影楼”的小楼是被中山先生聘为总统府顾问的陈少白先生的故居。

如今的塔影楼已成为沿江西路上的一家酒吧，主人特意在楼内布置了许多关于本楼历史的珍贵照片，使得客人可以从中了解小楼背后的故事。

无论是在楼上品尝着香浓的咖啡，还是在楼下露天雅座的鸡蛋花树下小酌两杯美味的鸡尾酒，都非常之“叹”。

1925年6月23日，广州工人、商人、学生进行集会游行，来到沙基这里被英军开枪扫射，造成“沙基惨案”，为表纪念，立下此“毋忘此日”石碑，路名也改为“六二三路”。

如今的沿江西路仍然是广州城的闹市区。昔日在码头近水楼台的商户还有不少存留在这片区域，无论在马路与窄巷间奔走送货的商家们，还是在电车站和码头前排队的街坊们，都为这一带增添人气，也为那些默默坚守着的古董建筑增添了许多生活气息。

圣心大教堂

广州石室圣心大教堂位于一德路，是天主教广州教区最宏伟的大教堂。由于教堂的全部墙壁和柱子都是用花岗岩石砌造，所以又称之为“石室”。

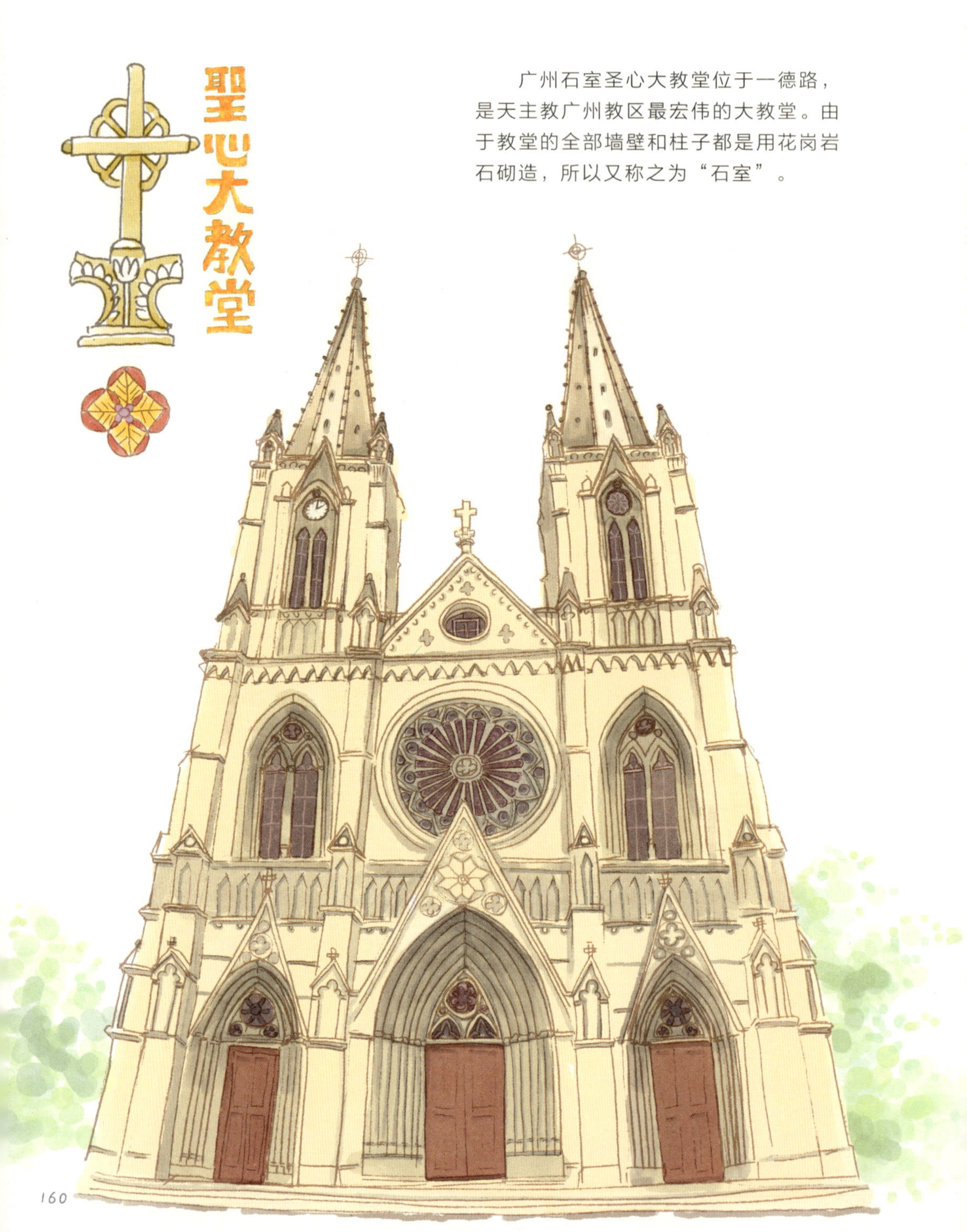

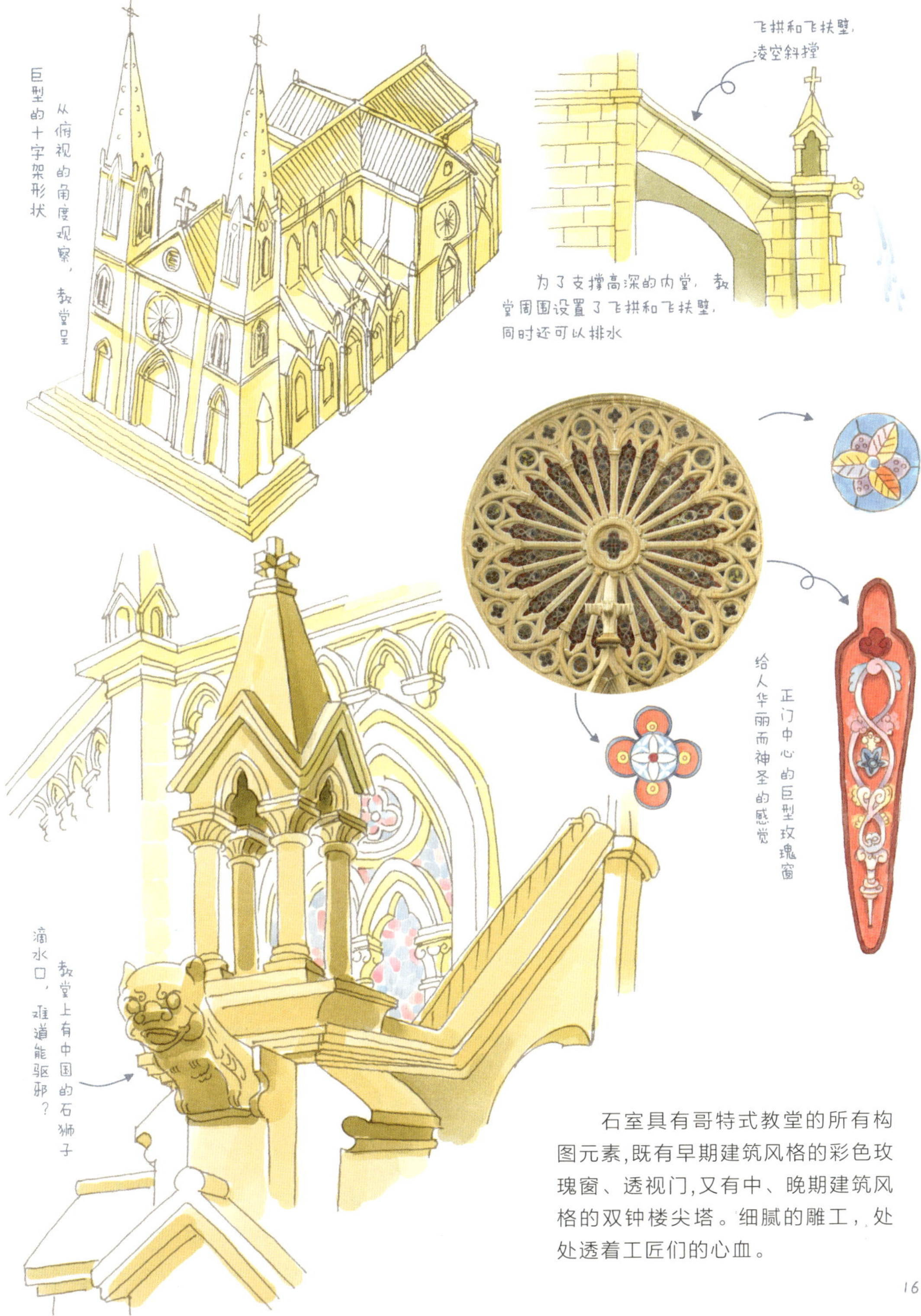

石室具有哥特式教堂的所有构图元素，既有早期建筑风格的彩色玫瑰窗、透视门，又有中、晚期建筑风格的双钟楼尖塔。细腻的雕工，处处透着工匠们的心血。

华丽的水晶灯

教堂东侧的角石上刻着『耶路撒冷』，西侧则刻有『罗马』的字样。取意天主教创于东方，兴起于西方

一扇扇彩色玻璃窗，诉说着一个个圣经故事。

内堂的高深，让人不禁感到自身的渺小和神灵的伟大

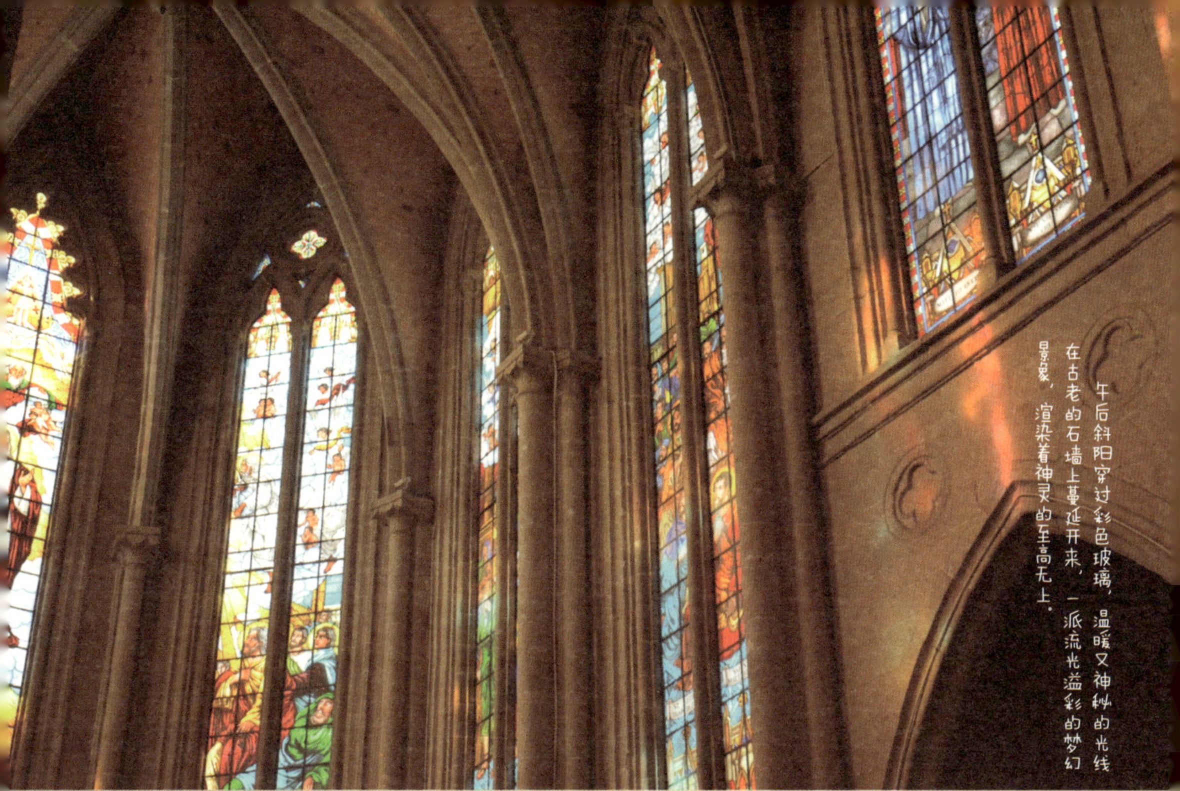

午后斜阳穿过彩色玻璃，温暖又神秘的光线在古老的石墙上蔓延开来，一派流光溢彩的梦幻景象，渲染着神灵的至高无上。

小资讯

西堤地图

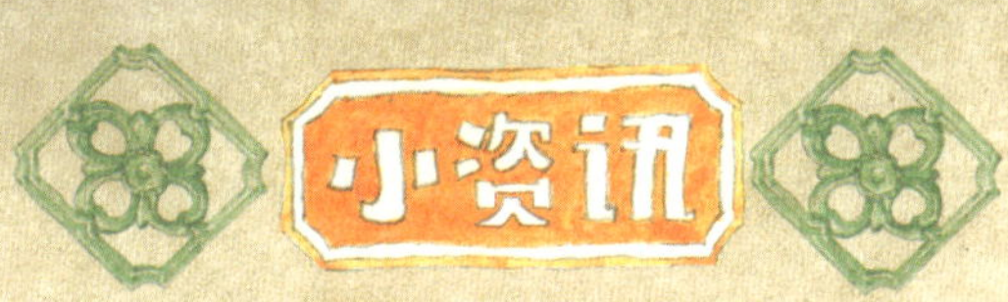

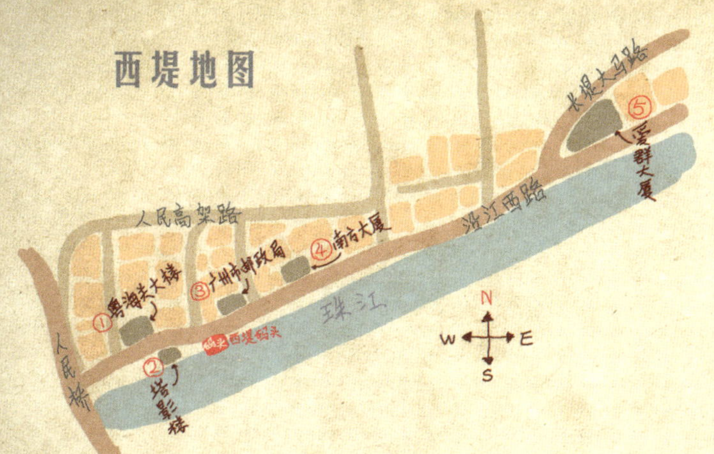

① 粤海关大楼
② 塔影楼
③ 广州市邮政局
④ 南方大厦
⑤ 爱群大厦

深呼吸书卷气

中山大学

正所谓“腹有诗书气自华”。历史最悠久、书卷味最浓的中山大学是广州人的骄傲。大学里的每个学院都有自己独立的建筑，各有各的风韵。古色古香的小洋楼里藏着诸多名师大家的故事，在葱绿的植物群衬托下，闪耀着智慧的光芒。

中山大学

中山大学出名的小礼堂——怀士堂

中山大学有四大校区。其中坐落在珠江南岸康乐村的南校区历史最为悠久辉煌，大家都亲切地称它为“康乐园”。

康乐园原是岭南大学的校园，1952年全国高校院系调整，岭南大学各科系分别并入中山大学和其他高等院校（华南理工大学、华南农业大学、华南师范大学、中山医科大学都有岭南大学的血统）。随后中山大学从广州的石牌迁入，从此康乐园立起 “国立中山大学”牌坊。

岭南大学在近代广州乃至近代中国，都是一所具有重要地位的高等学府。中山大学继承了岭大的优厚根基，名师云集，星光熠熠，一时传为佳话。在博纳诸方文化、融会自成一派的治学氛围下，一代代中大学子“博学、审问、慎思、明辨、笃行”，不负当年孙中山先生亲题校训之重望。

中大校訓

博學 審問 慎思 明辨 篤行

孫文

中大是正南正北的建筑布局，校道宛如一棵树的形状。笔直宽敞的逸仙大道是粗壮的树干，南北贯穿整个校园，各个学院紧密团结在它的周围。树干的中端南草坪广场承载了整个校园的重心，学校的重要场所均环绕草坪而建。而那一条条长宽不齐、曲径幽深的旁道，由树干的中端向四面八方延伸，犹如树的枝丫，纵横交错。十年树木，百年树人，校道似乎蕴含了一层深刻的含义。

马丁堂南门正中央的石狮是钟荣光先生从一个旧庙中找来的，是典型的南狮形象，线条充满流动感。一楼中厅里摆放的一对西洋石狮则与它形成了鲜明的对比。西洋石狮子体形较小，具有鲜明的西方写实特点，十分逼真。真可谓东西文化荟萃一堂

中大每一个学院都有自己独立的建筑，或是古老别墅，或是现代大楼，各显本色，兼容并包在康乐园内。在这里，厚脸皮串门是件好玩的事儿，不妨和高深神秘的象牙塔来一次亲密接触。而这场亲密接触当中，马丁堂不容错过。

马丁堂是岭南大学的第一座校舍，是强大学科人类学系的基地，自落成起便俨然一个微型人类学博物馆。周边敞廊形成的外廊成了简陋的展厅。一楼的学科简介和书籍展览只是小菜一碟，据说铜器、碑文拓片、字画、瓷器、雕塑甚至出土遗物等藏品，远比马丁堂的历史悠久。

在大钟楼的正对面，有一栋平常的两层红砖小楼矗立在绿油油的草坪中，红墙、绿瓦、蓝通花、木棂窗，古韵悠悠。此处是有哈佛三杰、清华四大导师之称的史学大家陈寅恪先生的故居。

陳寅恪故居

绕着故居静静漫步，可看到这里的植物长势都很好：高大的假槟榔、墨绿的蒲葵、青翠挺拔的竹子……

陳寅恪故居

请参观来宾签名

还要签名啊？

先生晚年双目失明，只能略辨光影，陶铸探望他时问他有什么需要，先生说："我的眼睛不好使，出入不方便，请帮我把门前的小路涂成白色的吧。"

于是学校为他在门前铺设了一条白色的小路，还安装了及腰高的木护栏，确保安全。这就是小白路的故事，渗透着时人对他的尊重和爱戴。

故居里陈列着先生的论著，手稿等珍贵文献，以及一书架研究他的著作

怀着憧憬的心情踏上二楼，这是先生生活了十六年的房间。屋子并不大，摆设模仿着当年居住的情景，古色古香。其中最吸引人的是那宽阔向阳的走廊，东边用作书房兼工作室，西边是上课的教室。大师上课时，教室总是坐得满满的：一半是学生，一半是慕名而来的老师，所以先生又得到“教授的教授”的称谓。

陶瓷透砖把点点阳光映在旧式木课椅上，令这个课室很有私塾的感觉

桌面上摆放着一把手摇铜铃，当年先生在走廊上课时，助手有时会用铜铃提醒下课时间

榮光堂

WING KWONG HALL

荣光堂由一栋很有历史的学生宿舍改造而成，因纪念岭南大学第一位华人校长钟荣光而得名，应该是中大校内环境最好的餐厅。从外面看，红砖斑驳的小楼古朴雅致，透露出一种怀旧的典雅。进内选择一个靠窗的位置，高大的茶色玻璃窗隔离了阳光的刺眼和炙热，可以好好欣赏窗外绿油油的南草坪和过往的行人，在轻轻播放的爵士音乐中与好友品尝各种美食，悠闲地聊天。

露天的茶座更能融入校园的自然环境，很是舒服

午后坐在露天的咖啡厅，身边有微风、蝉鸣和草木的香味，配上一杯热咖啡，是一段惬意的下午茶时光

在图书馆的北侧，有一家南草坪咖啡厅，拥有一个小花园露天座。虽然陈设和布置比较简陋，但由于门前就是绿树林荫的小路，下午人又较少，整个氛围相当清幽，最适合从图书馆出来的学子放松紧绷的大脑和疲劳的眼睛，呼吸一口清新的空气，或者可以辨认出四周各种不同的南国植物。

在校园内，有一座明朝耆老——“乙丑进士”牌坊。它最初是解放中路上的4座石砌牌坊之一，后来古牌坊要为城市建设让路，纷纷迁走，如今仅存这座赠给中大的牌坊独力支撑起“四牌楼”的历史记痕。

“四牌楼”牌坊，既有江南楼阁玲珑剔透、精细纤秀之美，又有北方古建筑雄浑巍峨之壮观。牌坊的纹饰保存完好，连梁士济、李觉斯等七位进士的名字仍清晰可辨。

惺亭
惺亭是康乐园中轴线上的标志物之一，亭中央还悬吊有一个巨大的铜钟，据闻当年中山大学上下课就以撞此钟为信号
学生们午后坐在草坪上或晒着太阳睡午觉，或三三两两细语谈论，满目的青绿惬意舒适
夏天的东湖满池荷花，微风添了一份清凉

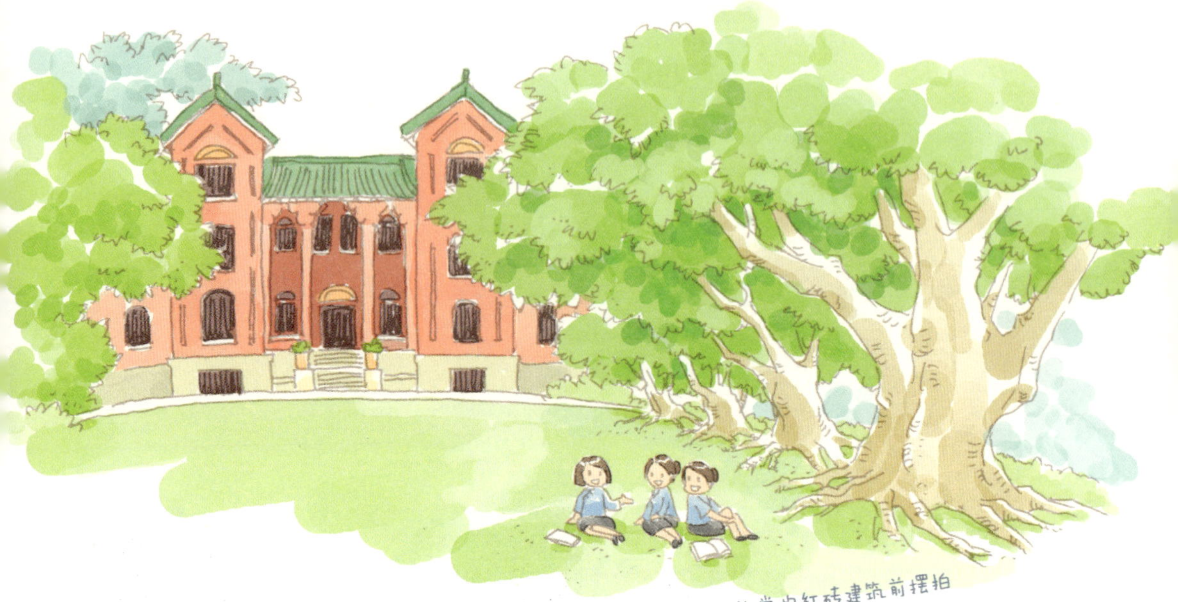

在小礼堂的红砖建筑前摆拍
很有民国的怀旧feel

在小礼堂前，穿着旧时“文明学生装”少女嬉笑而过，才发现已到了凤凰花开的季节。又到了毕业的季节，学子们纷纷披上民国服装，怀念五四时期学子的精神。小礼堂里挂起毕业典礼的横幅，南草坪上也整齐地摆放着拍毕业合照的站位铁架，偶尔遇见穿着学士袍的学子在标志性建筑前摆出各种pose，要在怀旧典雅的母校留下青春倩影。最煽情的是图书馆门前那一路的凤凰木，满树火红的花朵随风飘落一地，幻化成密密麻麻的心事，把校园笼罩在毕业的氛围当中。

女生穿起『文明学生装』扮演民国时期的学子，显得更娴静文雅

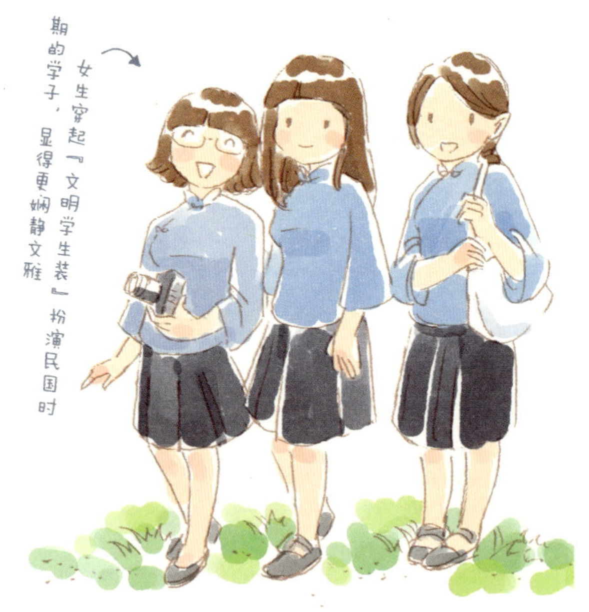

六月的中大，凤凰花盛放，又到了莘莘学子毕业的季节
即将毕业的学子们看着凤凰花开，泛起毕业的欣喜与离别的不舍，百般滋味涌上心头
这么旧式的站位铁架不知站过多少代的毕业生呢？

沿着逸仙大道一路走到底，就到了北门广场。历史上，中大码头至天字码头的水上交通便利，北门是中山大学的主大门。所以校园内的主要建筑均是坐南朝北，孙中山纪念铜像也面向北方，寓意北伐。

广场濒临珠江，是绝好的观景台。斜对二沙岛星海音乐厅、广东美术馆和大沙头，远眺珠江新城、广州塔，伴着阵阵的江风，静静地坐在石凳上发呆也是件身心愉快的事。

古色古香的中大牌坊矗立在广场正中，"国立中山大学"六字正是出自孙中山先生的手迹

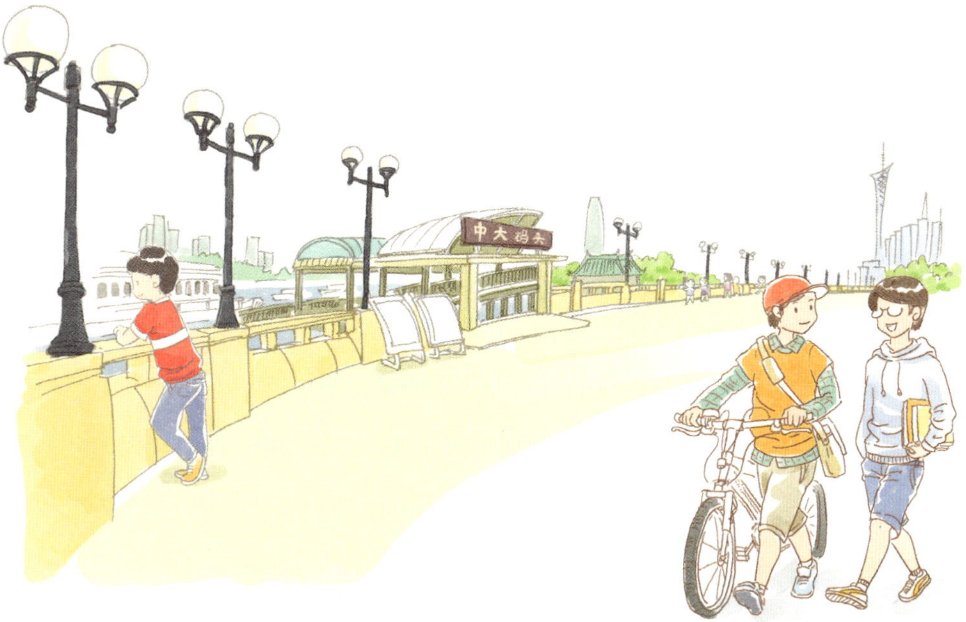

小资讯

中山大学地图

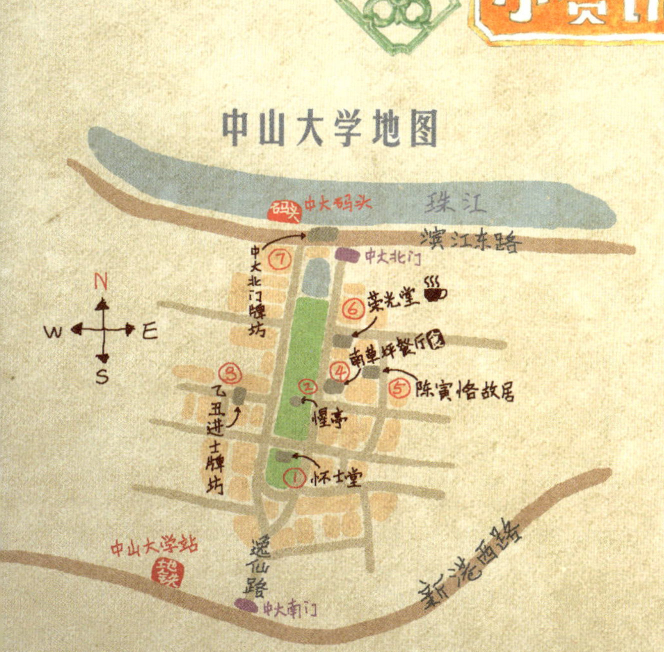

① 怀士堂
② 惺亭
③ 乙丑进士牌坊
④ 南草坪餐厅 食
⑤ 陈寅恪故居
⑥ 荣光堂
⑦ 中大北门牌坊

叹一杯精神早茶

白云山

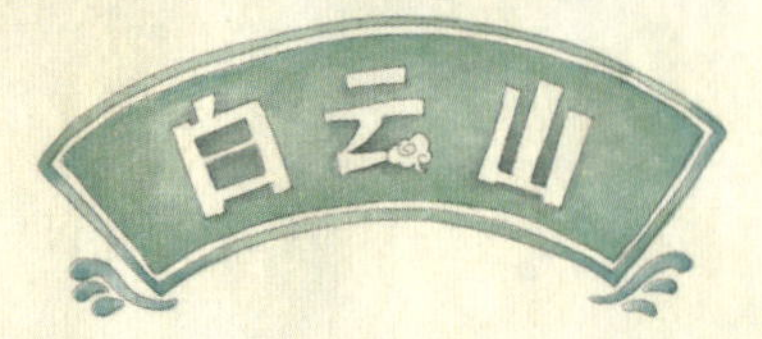

在广州人的心中，白云山的地位无可代替。这里有青山绿水环绕，谷间群鸟争鸣，索道登高望远，溪畔桃花纷飞。每逢周末，人们在此相约，感受大自然最简单且美好的馈赠，吸一口新鲜的氧气，唤醒活力的一天。

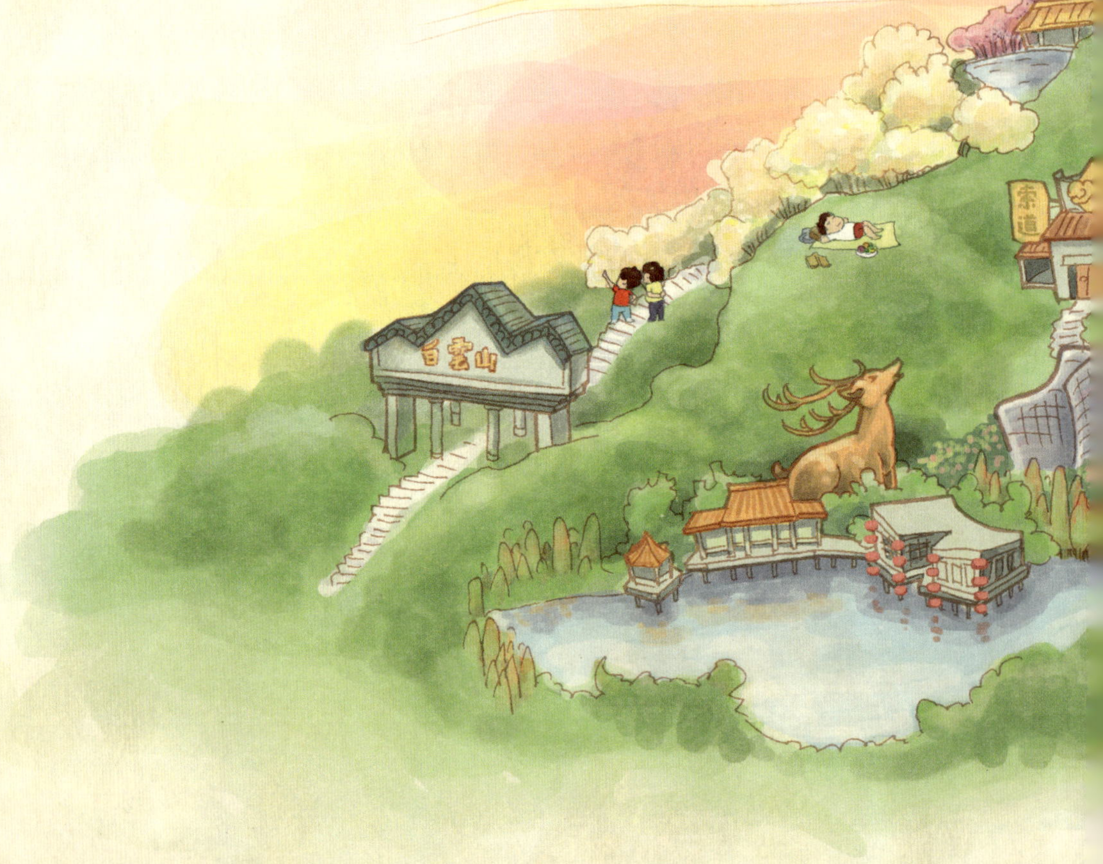

摩星岭
白雲晚望
能仁古寺
白雲山
南门
蒲谷
能仁古寺
BUS

白云山上，晨光穿透林荫小道，吸一口氧，伸展起身体的知觉，侧耳聆听早起小动物的热闹，绿叶花香扑鼻而来，享受我们最简单快乐的大自然，去喝一杯精神早茶。

在广州人的心中，白云山的地位无可代替。它滋润着城市的五脏六腑。因为离市中心近，来回不费周折，人们都养成了“行山”的习惯。

麓湖在白云山的南麓，是叹早茶的好地方
（只是走去白云山正门还需花一点脚骨力）

麓湖
位于白云山脚下的麓湖环境优美，空气清新。环湖设有供人们行走的栈道。湖畔许多著名的茶楼，是人们歇脚的好去处

白云索道

虽然山不算高，但对于懒人来说，缆车无疑是休闲游玩的好选择。坐缆车不但省去脚力，更看到不一样的景致。山谷中别致的殿宇旁升腾的不知是雾气还是紫烟，隐约传来的钟声使得心中一片平静祥和。

而缓缓步行上山，除了在主道上的热闹，寻找僻静小道也是另一种登山的乐趣。

比如从正门出发靠着右道斜坡走，会遇到人字分岔小路，沿路下行进入幽深的"蒲谷溪流"，享受花香清泉。

继续往上走，便可看到深居山中的能仁古寺，背山而立的寺庙多了一份清幽雅静，傍晚的时分更觉灵气沁人。

红柱在绿树林立中很显眼

石梯简朴稳重也很有味道

山顶广场很热闹

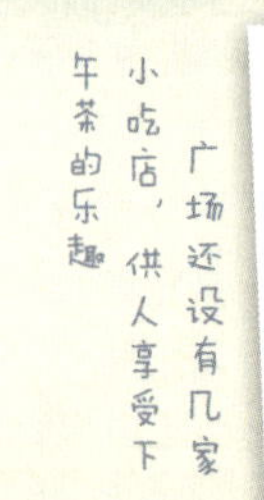

广场还设有几家小吃店，供人享受下午茶的乐趣

白云山顶广场是游人上山后的聚集地。假日时，游人把山顶广场作为歇脚、用餐与活动的场所，广场设有餐厅、茶座、观景台等让人们休息玩耍。最受欢迎的当然是山中美食，提起白云猪手、山水豆腐花就口水直流，念念不忘。

鸣春谷

山顶的鸣春谷，被设计成一个大鸟笼的模样。走进谷内，在树下静静地坐一会，便会发现鸟儿们都大胆地停在人们身边，绿头水鸭晃荡而过，还有一些不知名的小怪鸟，贪心地问人要食儿，却又不敢太靠近。

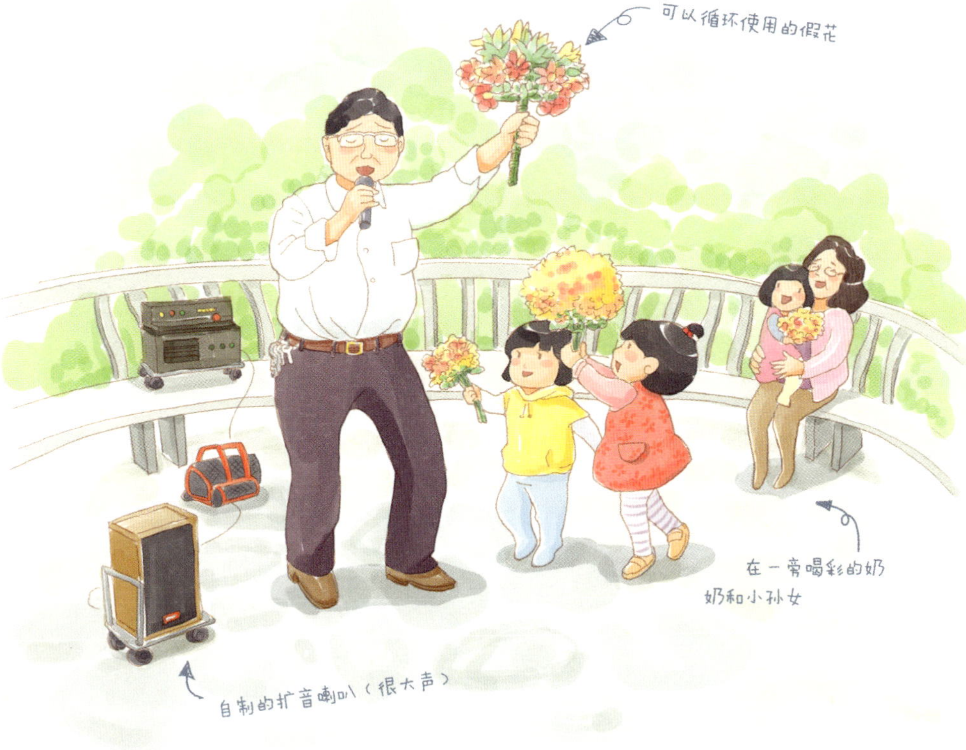

可以循环使用的假花
在一旁喝彩的奶奶和小孙女
自制的扩音喇叭（很大声）

即使徒步上山也一定要带上的『架撑』（工具）

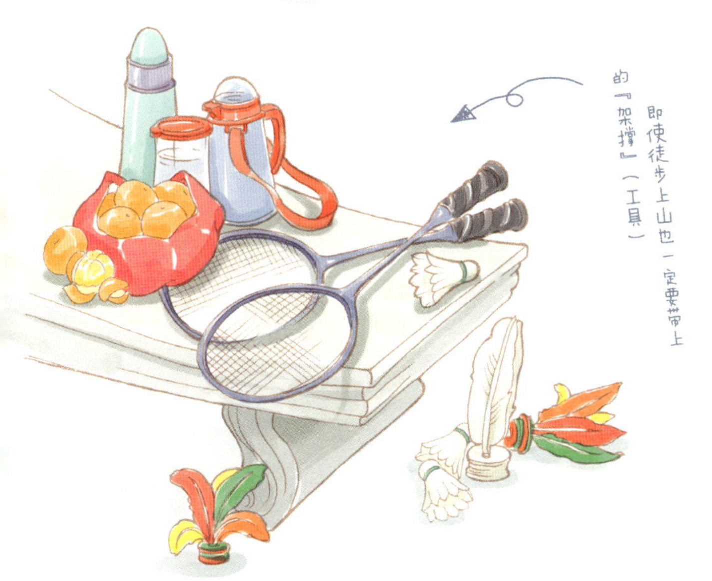

白云山舒适的空间使人们可以自由发挥自己的才能。开“个人演唱会”的阿叔，每唱完一曲歌，他的小孙女们立刻手捧假花簇拥上来，加上周围观众的落力喝彩，兴奋的阿叔自然不断encore。

山上山下，随处可见人们热爱运动的身影：年轻白领们在进行混双羽毛球赛，中年山友脚边毽子飞舞，穿花裙的阿姨们跳着健康舞，各种太极达人、舞剑高手、交谊舞组合，一副全民健身的气派。

桃花涧

看到山林枝头绽放的新生，不用掐算，便已知晓又到了阳春三月，在白云山，走累了的人们，来此歇息，呼吸着初春的山风，各种植物的清香似远又近，满眼粉红，这是桃花涧一年中最迷人的季节。情人们相约在黄昏前、桃林内，乱花渐欲迷人眼，几瓣粉红轻落于肩，不需语言，桃花已替你表白。

白云山地图

① 麓湖
② 白云索道
③ 蒲谷
④ 能仁古寺
⑤ 鸣春谷
⑥ 白云晚望
⑦ 摩星岭
⑧ 桃花涧
⑨ 梅花谷

玩味生活

芳村花鸟市场

艺和花鸟鱼石专业市场
唐荣水族
花草区
鸟笼
花鸟
越和花鸟鱼艺大世界
越和花鸟鱼艺大世界
石艺
特价
汽水
冰
士多店
水

芳村花鸟市场是广州人团购花鸟鱼艺的大本营。孩子们趴在鱼缸外观察游动的鱼儿，沉浸在小小的生物世界里。大人们流连于花草之间，在杀价后买到称心的宝贝。雀鸟们在笼子里叽叽喳喳，迫不及待地一展歌喉。小小的市场里凝结了广州人特有的生活雅趣，“玩味生活”莫过于此。

芳村花鸟市场

广州人除了会吃还很会玩，养草种花，玩鱼逗虾，即使是最挑剔的玩家，也可以在广州的某个地方找到他的需要。这个地方，就是芳村。这里拥有让人意想不到的丰富宝藏，市场细分为植物区、水族区、雀鸟区、宠物区等，游人们在此可以遇见各式各样的惊喜。“免费欣赏”大半天，再和店主漫无目的地闲聊杀价，顺便淘一些称心如意的宝贝，享受一下集市的乐趣。

植物区的布置总是密密麻麻的绿意盎然

水族区是小朋友的至爱，颜色鲜艳的金鱼很快就可以找到自己的归宿

鱼区似一个微型水族馆，每次去都被一排一排的大小鱼缸吸引，到处都是新奇和惊喜。《海底总动员》中的小丑鱼、舞动美艳裙摆的孔雀鱼、光明正大亲热的接吻鱼、胀鼓鼓的皮球玛丽，看得眼睛都快要贴上鱼缸了。

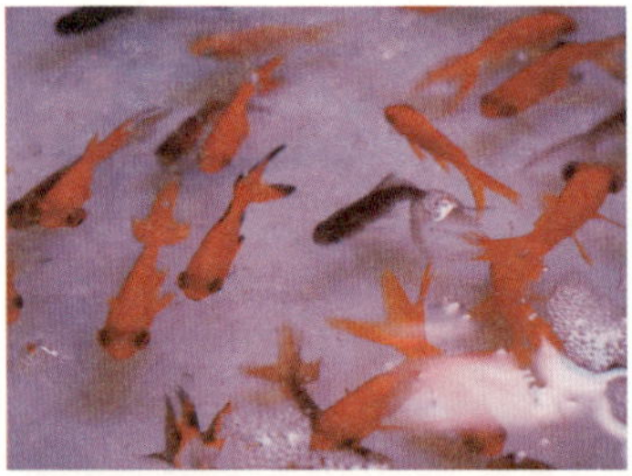

水族区里有卖一种“趣致”的玩意——水草。它们有些一棵棵浸泡在水里，像菜市场卖的葱；有些扎成奇形怪状，像缩小版的稻草人。

与其说是店铺，不如说是小庭院。
高高跷起二郎腿叹茶的老板，享受比做生意更重要

罗汉松

有耐心的玩家，可以试着自己寻找喜爱的元素，配制出属于自己的小盆景哦！

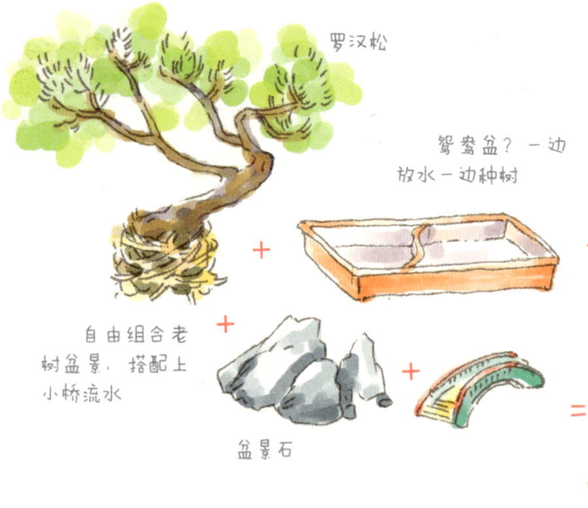

鸳鸯盆？一边放水一边种树

自由组合老树盆景，搭配上小桥流水

盆景石

合成后的盆景会呈现出几乎可以乱真的小世界

植物区里卖得火热的盆栽，是胖嘟嘟的多肉植物。多肉植物其实就是沙漠植物，仙人掌、芦荟就属于这一类。它们不怕冷不怕热，不用浇水也能活，生命力强大，基本不用主人操心。加上外形可爱讨好，又能防辐射，优点多多，难怪这么畅销。

室内放耐阴的植物，绿萝、富贵竹、文竹、银皇后、吊兰

银心吊兰

常春藤可挂在阳台的挂杆或花架上

猪笼草是吃虫的植物

吃蚊子的吗？

绿萝

变成了微型的小盆栽

把水生植物重新分盆也是一种乐趣。这种顽强的小植物只要剪下一支，无论插水或泥种都可再次生根，很容易DIY成微型小盆栽。

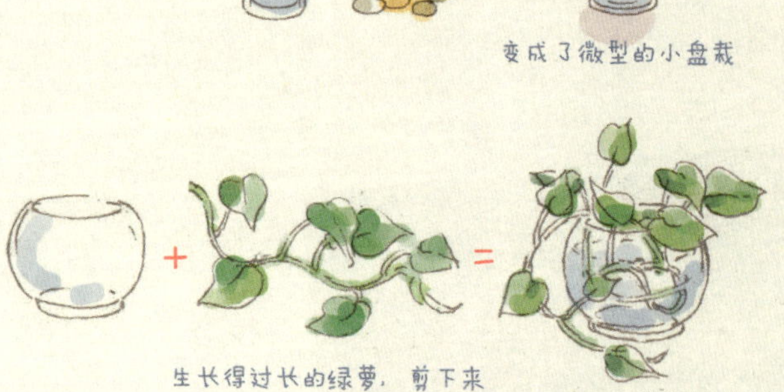

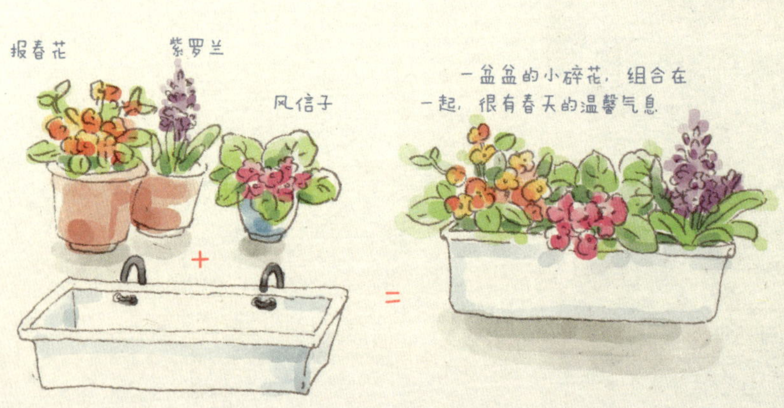

市场里有很多这样稀奇古怪的杂货铺，售卖一些DIY专用的配件，为玩家提供了不少选择。

新旺旺鳥籠飼料店

鸟笼专营店的老板自然少不了养上各式各样小雀雀

雀鸟区可以说是市场中的热闹地点，市场内鸟鸣不断，总让人觉得眼睛跟不上耳朵。有一家卖饲料的老板娘把自家鹦鹉放在肩膀上招揽生意。一旦招财鹦鹉立了功，老板娘就会随手捡起饲料奖励它。

纹理清晰的鸡翅木小几、温润亮泽的檀木博古架、古朴结实的坤甸木长桌、华丽贵气的花梨木圈椅还有那暗香浮动的樟木栊，配上清淡素雅的瓷瓶和讲究的茶具，这里有城市人向往的一角。

琳琅满目的小玩意让人爱不释手，总有几件让你心痒手痒。绝佳的淘宝时机是早上，一来货品最齐全，二来老板为图开市，第一桩生意常常会低价出售。

来到室外园林区，各种组合石缸是最吸引人的宝贝。小小的石缸，便可令普通的家居增添园林的情趣，还可以当作风水阵！

这个！快看这个也好有趣啊！

市场外面，露天的摊位大部分都是园林庭院用品。这类石头做的水缸，在里面种上些水草，养几条小鱼，能成为非常有品位的装饰品哦

招潮蟹又称“情侣蟹”，最大的特征是大小悬殊的一对螯，摆在前胸的大螯像武士的盾牌。在英文里它被称之为（提琴手蟹）“fiddler crab”，因为两只螯也像小提琴的样子。只有雄蟹拥有一只大螯，雌蟹的两只螯都很小。据说这种迷你螃蟹总是出双入对，可以左右配对。因此，聪明的商家便将它们命名为“情侣蟹”。为了不拆散它们，记得要买一对哦！

芳村花鸟市场地图

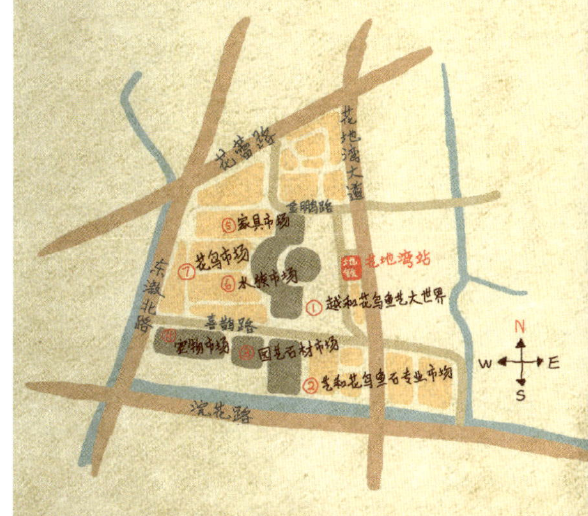

① 越和花鸟鱼艺大世界
② 艺和花鸟鱼石专业市场
③ 园艺石材市场
④ 宠物市场
⑤ 家具市场
⑥ 水族市场
⑦ 花鸟市场

很多流逝掉的感觉在我们认真的一笔一画下重新回来，

一段似乎带来了什么的忙碌，

终于，在盛夏时分结束，

而这种感觉被我们留在了纸上，

印成了书。

那么在以后，

会有各种人翻开它，

而那些隐藏在画笔中的思绪也将随之渗出，

与有心人相感应。

—— 大话国